ムダ家事がごっそり消える生活

知的家事プロデューサー
本間朝子

手抜きじゃない！
大切なのは
手間を省くこと。

JN254478

sanctuary books

女性の平均家事時間は
1日2時間24分。
1週間にすると、
16時間48分。

この時間を
自分のために使えたら？
家族のために使えたら？

働きながら、子育てしながら
家事をこなすとき。

ふと訪れる
「私、何やってるんだろう？」
という感覚。
ずっと家事をがんばり続ける自分に
気づいてしまった感じ。

だからいつだって頭の片隅にあるのは

片づけ・掃除・洗濯・炊事

いっそ全部の家事が消えてしまったらいいなあ……

という素朴な願い。

その願い、もしかしたら叶うかもしれません。

毎日をがんばる、

すべての女性に贈ります。

はじめに

「平成8年の〝女性の家事時間〟は2時間37分でした。では、20年以上経った今はどう変化していると思いますか?」

これは私がセミナーで、受講者の方にいつもする質問です。するとみなさんはたいてい「減っていると思う」と答えます。でも正解は「ほとんど変わっていない」です。厳密にいうと2時間24分で、10分ほどしか減っていないのです※。

不思議だと思いませんか? 家電はこんなに便利になって、家事代行サービスも増えています。それなのになぜ、家事時間はあまり減っていないのでしょうか?

これは「家事1回あたりにかかる時間は減ったけれど、家事の頻度が増えているから」といわれています。たとえば洗濯機が進化したことで、今まではクリーニング店に頼んでいた洗濯が自宅でできるようになったり、清潔志向の高まりによって、掃除の回数や洗濯の頻度が増えてしまったり……。便利になっているけれど、また新たな家事が生まれているのです。このようにキリがなく増えてしまう家事を減らすには、毎日の生活に潜む〝ムダ家事〟を見つけて消していくことが大切です。

じつは私自身、かつては家事が大の苦手でした。やることがたくさんある家事に振りまわされていたのです。

この状況をなんとか変えたいと、私は同じことをくり返したり、ストレスを感じる家事は〝ムダ家事〟と認定してなるべく減らしたり、やらなくても済むよう工夫してきました。

たとえば、家事の動線を短くしたり、「家事の型」を作ってそのつど考えなくても済むようにしたり、水まわりの掃除をしなくても問題ない環境に整えたり……。

そうやって少しずつ変えていくうちに、家事にかかる時間や負担は大幅に減っていきました。すると、自分の時間は増え、疲れやすかった体も元気になり、笑顔が増えていったのです。

今、あなたの毎日の中に〝ムダ家事〟はありませんか？

もしあったら、そのムダ、きっと消せると思います。しかもムダな家事を消すと、あなたの時間が増えるというご褒美つきです。

この本で、ひとつでもできそうなことがあったら、今日からすぐに試してみてください。家族も上手に巻き込んで、一緒に実践して欲しいと思います。

あなたと家族の笑顔が増えますように——。

※平成28年：2時間24分（総務省 統計局「平成28年社会生活基本調査」より）

ムダ家事が消える生活、始めませんか？

この本は、あなたがムダにやっている家事を
消してしまう本です。
次の5つの章に分けて、コツを紹介しています。

1 片づけのムダが消える

2 掃除のムダが消える

3 洗濯のムダが消える

4 台所のムダが消える

5 データ、書類整理のムダが消える

この本を読むと「何だかムダだなあ……」
と感じていた家事に終止符を打てます。
また「それってやらなくてもよかったの?!」
という家事がはっきりして、
より効率的なやり方がわかります。
そのためにデータや数値、
具体例を多く盛り込んでいます。
すべての項目を取り入れなくても大丈夫です。
自分のライフスタイルや
家族構成などに合いそうなもの、
できそうなものから試してください。

CHAPTER 1

片づけのムダが消える

たとえばこんなムダ

✕ 郵便物の整理

クレジットカードの利用明細書やダイレクトメールなどの郵便物は、帰宅後すぐに処理するのがいちばん。そのために、ハサミとゴミ箱をセットにしておきましょう。すぐに郵便物を開封し、不要ならその場でゴミ箱へポイ。あとで整理する必要がなくなります。

この章では、リビングや部屋などの片づけにまつわるコツを紹介しています。

くわしくは24ページ

ハサミをゴミ箱の近くにセットする

やってみました！の声

- なぜ今までやらなかったんだろう……と思うほど**かんたん**で、**便利**でした！（43歳・女性・奈良県）
- すぐに郵便物を破棄できるようになって、**家が散らからなく**なりました！（25歳・女性・静岡県）
- いろんなところに置きがちだったハサミの定位置が決まって、**探さなくなった**（34歳・女性・愛知県）
- 宅配便の梱包《こんぽう》を開けるのも**ラク**になった♪（35歳・女性・神奈川県）

CHAPTER 2

掃除のムダが消える

たとえばこんなムダ

✕ 掃除の時間を設ける

寝る前にフロアワイパーを寝室に置いて、起床時にフロアワイパーをすべらせながら移動すれば、起きたと同時に掃除完了です。しかもホコリは時間をかけて床に落ちていくので、時間帯も朝がベスト。これでわざわざ掃除時間を設ける必要がなくなります。

この章では浴室やトイレなどの場所別に、掃除のムダを消すコツを紹介しています。

くわしくは44ページ

えっ?!
掃除時間って
なくなるの〜?

寝る前にフロアワイパーを寝室にセットする
やってみました!の声

- かなりの時短になった! どんなに寝ぼけていてもワイパーくらいは引けますね(笑)(45歳・女性・東京都)
- 掃除時間の短縮ができた。習慣ができて、朝にあれもこれもしなきゃ! とイライラしなくなった(26歳・女性・東京都)
- 起きてからワイパーを片手で持ち、洗面所の床掃除をして顔を洗い、そのままトイレの床掃除もした。すごくラクだった(27歳・女性・埼玉県)
- 毎日の動線をきれいにできて、日中の掃除の時間が減りました(43歳・女性・奈良県)

CHAPTER 3

洗濯のムダが消える

たとえばこんなムダ

✕ 布団を外で干す

じつは布団は外で干さなくてもOK。日当たりのよい室内で充分乾燥できます。天気のよい日に窓際にイスやテーブルを置いて、その上に布団を置いてみてください。フカフカになります。

この章では洗濯する、干す、たたむなど、洗濯にまつわるあれこれを消すコツを集めました。

くわしくは93ページ

外で干すもんだと
思い込んでた〜

布団は室内で干す
やってみました！の声

- 外で干したときのようなフワフワ感とにおいになりました！（30歳・女性・埼玉県）
- ベランダに布団を出すのは毎回大変だったけど、ラクになった（34歳・女性・神奈川県）
- 外出が多く、布団を干せず気になっていたが、これならできました（34歳・女性・東京都）
- 室内で干せて感動！
外の花粉、黄砂、虫が気にならなくなりました（35歳・女性・大阪府）

CHAPTER 4

台所のムダが消える

たとえばこんなムダ

✕ 調理中に何度もまな板を洗う

使うたびに洗う作業ほど面倒なことはありません。肉、魚を切るときはまな板にオーブン用シートを敷くと汚れず、衛生的です。

この章では調理中のムダはもちろん、冷蔵庫の整理や買い出しなどのムダを消すコツを紹介しています。

くわしくは127ページ

できるだけ
洗う回数は
減らしたい〜

肉、魚を切るときは、
まな板にオーブン用シートを敷く
やってみました！の声

- オーブン用シートがもったいないかな？　と思いましたが、そのぶん**洗剤とお水が節約**できているので、**目からウロコ**でした！（39歳・女性・北海道）
- **あと片づけがラク**になった。**においがつかない**のもうれしい（37歳・女性・滋賀県）
- 本当に**まな板を軽く洗う**だけでよくなった♪（30歳・女性・東京都）
- 今までは週に一度、魚の血などがついたまな板を塩素系漂白剤につけていましたが、実践してからは**一度もつけていません！**（28歳・女性・神奈川県）

CHAPTER 5

ムダが消える データ、書類整理の

たとえばこんなムダ ✕ 書類を探す

書類は家に持ち込んだらすぐにクリアファイルへ。まとめて入れるのではなく、案件ごとに入れるのがポイントです。

この章では、データや書類整理のムダをなくすコツを集めています。

くわしくは139ページ

92%の人が「ムダ家事が消えた!」を実感

実際にこの本で紹介するコツをやってもらったところ、１２８人中１１８人の方々が「ムダな家事が減った」という回答でした。今日からできることを取り入れて、あなたもムダ家事を消してしまってください。家族にも「ねえねえ、こうするといいみたい！」とシェアできると、ムダ家事がより一層消えるはずです。

ワタシ、いつも
書類を探してる～

書類はすぐにクリアファイルに入れる やってみました！の声

- 書類の散乱がなくなって、必要な書類をすぐに取り出せるようになった！(36歳・女性・神奈川県)
- サイズがバラバラの書類が、整理しやすくなりました(37歳・女性・宮城県)
- 探すのがラクになった！　子どもが持ってくる学校からのお便りは、すべてファイルに入れるようお願いしています(37歳・女性・高知県)

CONTENTS

CHAPTER1 片づけのムダが消える

CHAPTER 2 掃除のムダが消える

CHAPTER 3 洗濯のムダが消える

CHAPTER 4 台所のムダが消える

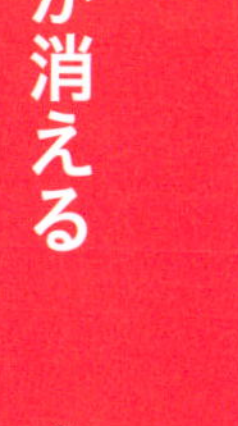

CHAPTER 1

片づけ
のムダが消える

CHAPTER 1
リビング

リビングが散らからないコツ

バッグの定位置を作ると散らかりのスタートを阻止できる。

帰宅後、床やソファに何気なくバッグを置いていませんか？　定位置に置くのは「片づけ」ですが、定位置ではない場所に置いた瞬間に「散らかり」になります。ほんの小さな違いですが、大きな差が出てしまうのです。

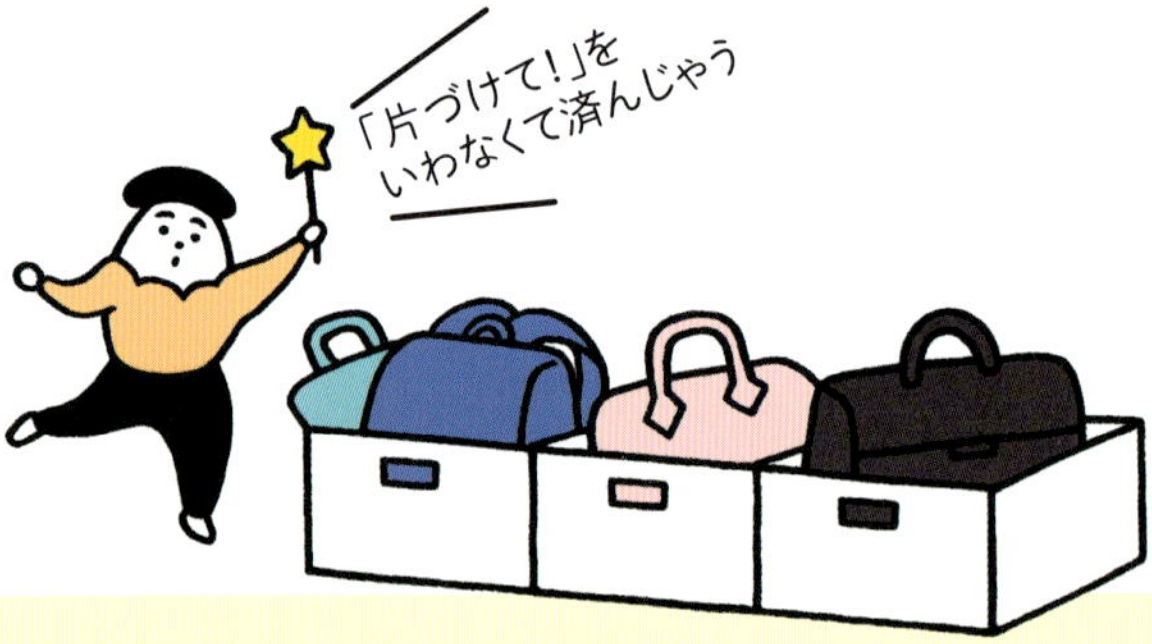
「片づけて！」をいわなくて済んじゃう

『たとえば、こんなバッグの定位置』

例
□家具や壁にフックをつけて、かけられるようにする（おすすめのフック48ページ）。
□カゴを置いて、入れられるようにする。
□棚の中に置けるスペースを作る。
□玄関の一角に置き場を作る。
□スツールの上に置けるようにする。

CHAPTER 1
リビング

リビングが散らからないコツ

帰宅後、くつろぐまでの間に物の置き場所を作ると気づくと片づけが終了している。

帰宅したらリビングなどのくつろぎスペースに直行せず、玄関からのルート上で着替えや片づけ、収納を済ませていけば、時間を有効に使えます。自宅の間取り、レイアウトに合わせていちばんムダのないルートを決めておき、それを習慣化させましょう。

『ただいまからリラックスまで』

1 鍵と腕時計を定位置に置く。郵便物を仕分けて、不要なものは捨てる。
2 買ってきた食材を台所へ。
3 バッグをフックにかける。
4 手を洗って、アクセサリーを外す。
5 部屋着に着替えて、洗濯物を洗濯カゴへ入れる。
6 台所に置いた食材を冷蔵庫などへしまう。

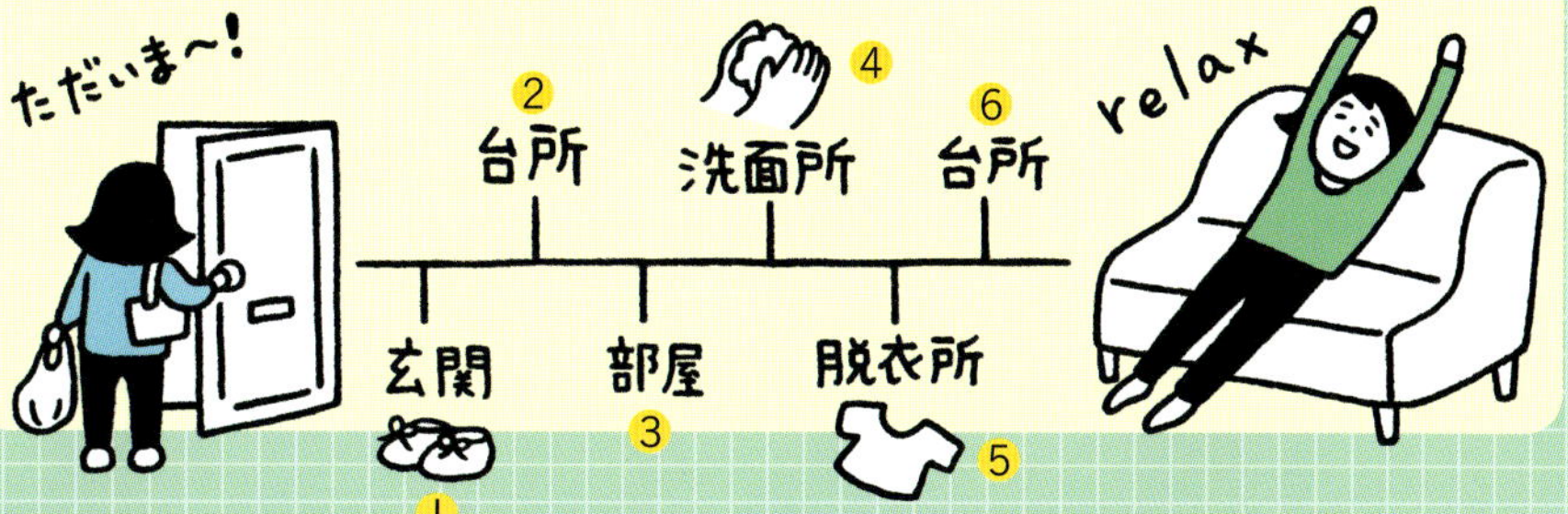

CHAPTER 1
リビング

リビングが散らからないコツ

リモコンを置く場所はマスキングテープで枠を作ると置き場所が定着する。

いっつも
リモコン探してる〜……

エアコン、テレビ、オーディオなど、リビングで使う家電用のリモコンはいくつもあり、あちこちに置いてしまいがち。置き場所を決めたり、家族で共有したりするためには、マスキングテープで一時的に印をつけておきましょう。置き場所を明確にできます。決めた場所に戻す習慣がついたらはがしてもよいですね。

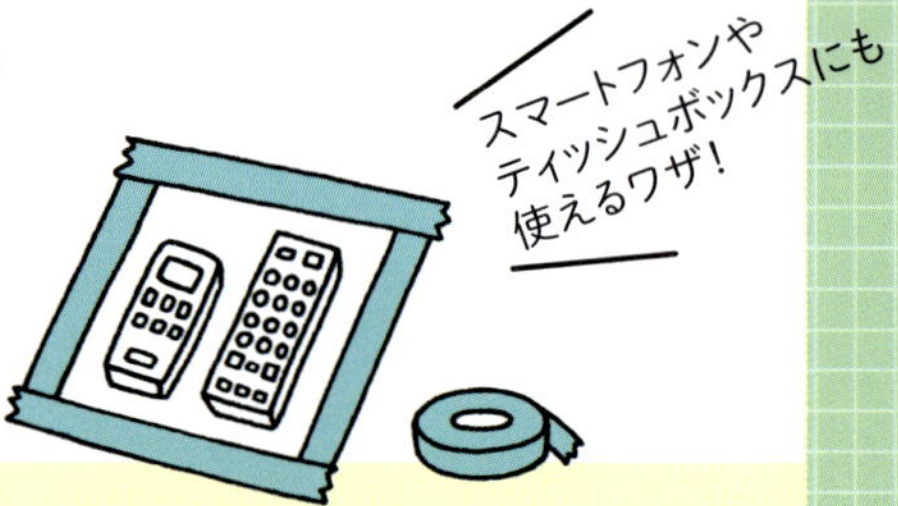
スマートフォンや
ティッシュボックスにも
使えるワザ！

『物が多い国、日本』

リモコンは個数が多いので管理が大変。1台のリモコンで複数のリモコンを操作できる「学習リモコン」を使うのもおすすめです。ちなみにある有名な写真家が世界中を巡って調査した結果、住民ひとりあたりの所有物の数の平均は、モンゴルで300個、日本では6000個だったそうです。家族が２〜３人と考えると、日本は一軒あたり15000個ほどの物がある計算です。置き場所を決めるのはもちろん、増やさないことにも意識を向けてみましょう。

CHAPTER 1 ダイニング

ダイニングが散らからないコツ

ダイニングテーブルにとりあえずトレーを設置するだけで、10秒で片づく。

ダイニングテーブルは、本来は食事をするスペースですが、読みかけの雑誌や書類、子どものお絵描き帳などが散乱しがちなところ。これらを一時的に片づけるのに便利なのが、薄型のトレー。食事のときやお客様が来たときに、テーブルの上の物をとりあえずサッとまとめて移動できます。家族それぞれのトレーを作ってもOK！

『思わず片づけたくなる！　片づけ誘導術』

子どもに「片づけなさい！」と命令するより、どう片づけるのかを具体的に示すほうが効果的。たとえばトレーに子どもの名前をつけて「“○○ちゃんトレー”に入れてね」と伝えると、行動に移しやすくなり結果的に早く片づきます。また、おもちゃ箱に「おもちゃのおうち」と名づけて「おうちに帰してあげよう」と伝えるのも効果的です。ぜひ試してみてくださいね。

CHAPTER 1
部屋

郵便物を溜めないコツ

ゴミ箱の近くにハサミをセットするとその場で封を切り、不要な郵便物を捨てられる。

郵便物を溜めないためには、帰宅したら、すぐに処理するのがいちばん。このとき、ゴミ箱とハサミがセットになっていれば、いらない郵便物をその場で捨てることができます。このセットのそばに書類の保管場所があると、さらに片づけもスムーズに。

確認したらすぐに捨てられる

『ハサミは何本あってもいい』

ハサミのような使用頻度の高いアイテムは複数用意し、使う場所ごとにセットしておくと、わざわざ取りに行く手間がなくなります。

例
- □ハサミ ＋ 台所 ➡ 食品の封を切るために。
- □ハサミ ＋ 古新聞や段ボールの収納場所 ➡ 新聞や段ボールをひもで束ねるために。
- □ハサミ ＋ クローゼット ➡ 新品の服・靴下のタグや、ほつれを切るために。
- □ハサミ ＋ 洗面所 ➡ 洗剤の詰め替えやサンプル品の開封用に。

CHAPTER 1
部屋

部屋が散らからないコツ

手を洗うときにアクセサリーを外して洗面所に収納すると外すタイミングが決まる。部屋のどこかに置きっぱなし……がなくなる。

アクセサリーを外す場所やタイミングが日によって異なると、そのまま置きっぱなしにして、紛失する原因に。帰宅後、手を洗うときにアクセサリーを外すと決め、洗面所の棚などに収納してしまいましょう。着替えるタイミングでクローゼットに収納もいいですね。台所で手を洗うなら、台所でもOK。大切なのは外すタイミングと収納場所を決めることです。

「ピアスの片ちがない！」
「指輪なくした……」もなくなる〜

『アクセサリーたちの特等席を決める』

ケースの中にゴチャッとアクセサリーを入れておくのではなく、ひとつずつ定位置を決めて収納しましょう。アクセサリーケースを見たときにちょっと気分が上がるように美しく収納できると、出し入れの時間が楽しくなり、散らかるのをより防げます。

靴を脱いで取りに
戻っていた日々よ、
さらば〜

CHAPTER 1 部屋

部屋が散らからないコツ

玄関に鍵やハンカチなどの出発セットを置くとあちこちから集めずに済み、一瞬で身支度が完成する。

外出するときに必要な鍵や定期券、腕時計などの置き場所を玄関に作れば、出がけに探しまわることがなくなります。帰宅後は、玄関の決まった置き場所に戻せばＯＫ。リビングやダイニングが散らかることもありません。「あれどこいった？」がなくなります。

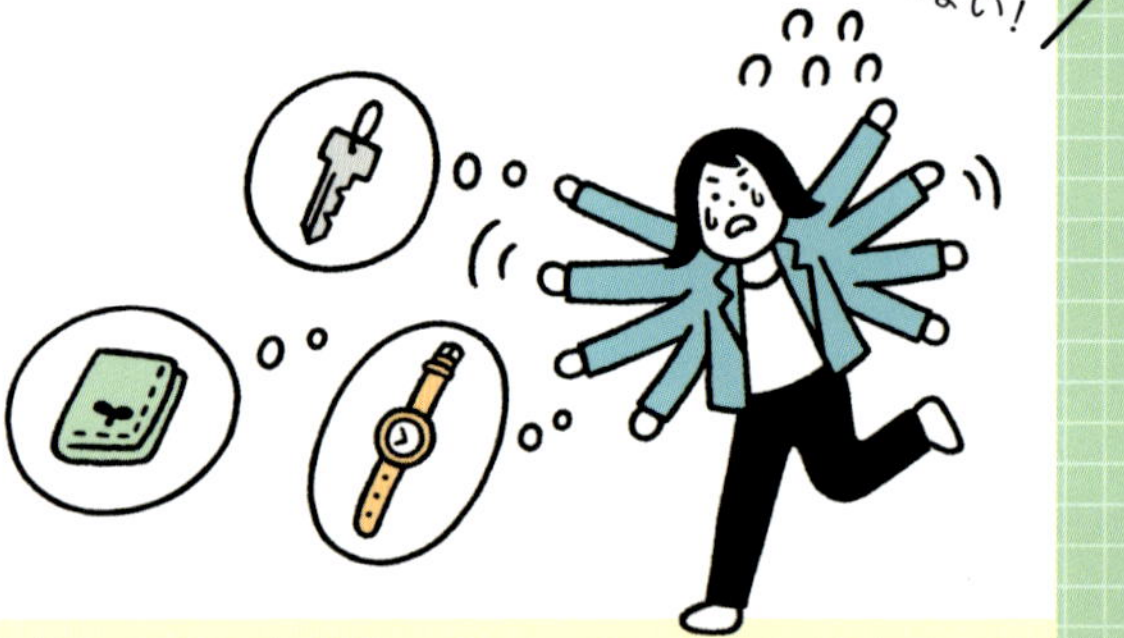
もうこんなに
あわてない！

『こんなアイテムを置いておくと便利』

次の例は基本のセットです。玄関に置いておくと便利なものは人によって異なるはず。一度、自分の持ち物を点検してみましょう。

例
- □ＩＣカード乗車券　□鍵　□腕時計　□社員証
- □幼稚園の入園証や、小学校の入校証
- □ハンカチ、ポケットティッシュ、マスク
  - ➡ 数セット置いておくと、忘れたときに靴を脱いで取りに戻らなくて済む。

これいいかも～

CHAPTER 1 子ども部屋

おもちゃが散らからないコツ

ブロックやパズルは、レジャーシートの上で遊ばせるとシートのままおもちゃを集めて片づけ終了。

ブロックやパズルなどのこまごまとしたおもちゃは、レジャーシートの上で遊んでもらいましょう。終わったらザッと集めておもちゃの箱などに入れるだけで、あっという間に片づきます。大きめの布でもＯＫです。

パズルは
チャック式保存袋に
収納するのもOK!
おもちゃ

『おもちゃの２段階整理』

子どものおもちゃが多いときは、最近よく遊ぶ「スタメン」と、飽きてしまった「ベンチ入り」に分けて収納しましょう。「ベンチ入り」はしまい込むと、おもちゃの数がしぼられるので、片づけがラクになります。「スタメン」に飽きたら「ベンチ入り」を復活させると、新鮮に感じてご機嫌になることも。

CHAPTER 1
部屋

必要ない片づけをしないコツ

たたまなくても
よかったのか〜〜

たたまなくてよいものは、たたまない。

たとえば、脱いだパジャマはS字フックに引っ掛けるだけでいい。

家で着るパジャマやスウェットを、きれいにたたんで収納する必要はないと思いませんか？「衣類はたたまなくてはいけない」という思い込みから脱しましょう。脱いだパジャマや部屋着は、そのままS字フックに引っ掛けてクローゼットや鴨居《かもい》につるすだけでOK。カゴを用意しておき、ポンと放り込むだけでもよいですね。

『まずは“かけるだけ”から始める』

気づくと散らかってしまうのは、複雑な収納法が原因かもしれません。「かがまないと収納できない」「たたまないと入れられない」など、工程が多くなればなるほど人は片づけるのが億劫《おっくう》になります。まずは「かけるだけ」「放り込むだけ」とシンプルにしてみましょう。引き出しに放り込む場合は、かがまずに済む腰ぐらいの高さの段を選ぶと、しまいやすくなります。

CHAPTER 1
クローゼット
溜めないコツ

着なくなった服は、一度着てみる。気もちよく人と会えるかどうかを考えると処分する決心がつく。

長らく「タンスの肥やし」になっている服を、捨てる決心がつかない人は、一度その服を着てみましょう。その格好で友人と会えるか、街中を気もちよく歩けるかを考えてみるとよいですね。また、サイズが合わなかったり、流行遅れだったりすることもわかり、スッキリ手放すことができます。

『服を手放すサイン』

次の項目にひとつでもチェックがついたら、それは服の捨てどきかもしれません。

□伸びている、ほつれている、シミがある。
□２年以上着ているファストファッションの服。
□デザインが古くさい。
□体型が変化して、１年以上着ていない。
□同じようなデザインで、２着以上ある。

CHAPTER 1
クローゼット

衣替えしないコツ

夏のバッグに夏小物、冬のバッグに冬小物を収納するとバッグを変えるだけで衣替えが完了する。

その季節だけでしか使わない小物は、用途別ではなく、季節別に収納しましょう。たとえば、夏のカゴバッグにはサングラスや日よけアイテム。冬のフェルトバッグには、手袋やマフラー、ニット帽などを入れておくと、使うときもしまうときも便利です。

『季節のバッグがないときは？』

季節限定のバッグをもっていなかったり、バッグが小さかったりする場合も、小物は季節ごとにまとめておきます。大きめの洗濯ネットなど、通気性がよく中が見える物に入れてしまうと出し忘れが減って、場所も取りません。

例 □帽子類でまとめない ➡ 麦わら帽子は夏物、ニット帽は冬物とまとめる。
□アクセサリー類でまとめない ➡ 夏物のアクセサリーは、サングラスや日よけアイテムとまとめる。
□夏用の日焼け止めクリームや制汗剤も夏用グッズとしてまとめる。

CHAPTER 1
部屋

溜めないコツ

とくに決まった期限はないけれど、近々持っていきたい物は玄関に置くと忘れない。

借りた本や資料、子ども服のお下がりなど、いつか渡そうと思っている物は、渡せる状態にして玄関付近に置いてみましょう。部屋より小さいスペースの玄関に置きっぱなしだと、わずらわしいのですぐに渡したくなります。リビングや部屋をずっと占領していることがなくなりますし、持参するのをうっかり忘れることも防げますね。

『玄関付近にセットしておくとよいものたち』

例
- □クリーニングに出したい衣類
- □友人から借りていた物
- □野菜やフルーツなどのおすそ分け
- □投函予定の手紙や返信ハガキ
- □粗品の引換券
- □リサイクルに出したい不要品

CHAPTER 1
部屋

溜めないコツ

サンプルの
使用期限は約1年〜

化粧品のサンプルは、今使っている物につけると使うタイミングが生まれる。

化粧品やシャンプーなどのサンプルの使用期限は約1年。でも、1週間使わなかったら、結局そのまま未使用になる可能性が高いです。もらったら、輪ゴムやマスキングテープなどを使って、使用中のアイテムにサンプルをくっつけておくと、使うタイミングを逃しません。それでも封を開けないのなら、それは不要の証拠。処分してしまいましょう。

使うタイミングを
自ら作る！
サンプル
化粧水

『サンプルのこんな使い方も！』

本来の使い方では使いにくい場合、別の用途に用いるのもおすすめ。その場合も1週間を目安にしましょう。

例 化粧水 ➡ お風呂に入れて入浴剤として。
乳液 ➡ ボディ用クリームとして。
シャンプー ➡ お風呂用洗剤として。

CHAPTER 1
台所

溜めないコツ

使い捨てのお手拭きは台所に置いておくと掃除に使えて、そのまま捨てられる。

バンバン
使っちゃいましょ〜

市販のお弁当などについていたお手拭きやウエットティッシュ。使わずにそのまま乾燥してカピカピになってしまうことも。もらったお手拭きは、台所でいちばん取り出しやすいところに入れておきましょう。濡れ布巾として、調理台やコンロまわり、生ゴミを入れるゴミ箱の汚れをサッと拭きたいときに便利です。

使ったらそのまま
ゴミ箱へ

『お手拭きが溜まってしまったら？』

「すぐに使うのがベスト」とわかっていても、気づくと溜まってしまう場合もありますよね？　そんなときはチャック式保存袋に入れて冷蔵庫で冷やしておくと、乾燥を防げます。ただし「５本まで」などと本数を決めるのが大切。できれば日付を記しておき半年以内に使い切りましょう。

CHAPTER 1
台所

溜めないコツ

コンビニなどでもらった割り箸は、菜箸として使うと汚れたら気兼ねなく捨てられる。

取っておいても意外と出番が少ない割り箸は、菜箸代わりに使うのがおすすめ。おうち焼肉で生肉を並べるときや魚をグリルに並べるときなどに使い、汚れたら捨ててしまえばOK。基本的にサイズも似ているので、取り出す際にペアを探す手間も省けます。そのほかには焼き鳥、つくね、スティックキュウリや冷凍バナナの串に使ったり、キッチンペーパーを巻いて、サッシの溝やパソコンのキーボードなどの掃除道具として使えます。

強火のときは
気をつけて〜

『割り箸がないと不安な人は』

不要ならできるだけ受け取らないようにするのがベストです。でも「割り箸はちょっとあったほうが便利」と考える人は定量を決めましょう。ケースや袋を用意して、箸袋から出した状態の割り箸を入れます。入らないぶんは思い切って捨てましょう。

「袋＝面倒」と……。
次のテストで出そう〜

CHAPTER 1
部屋

溜めないコツ

ポケットティッシュは袋から出しておくと、優先して使うようになる。

いつの間にか溜まってしまうポケットティッシュは、ティッシュボックスの上に置いてみてください。その際に袋から取り出しておくのが大切。人間はちょっとした手間ひとつで億劫《おっくう》になるので、袋から出しておくだけでわざわざ取り出す手間が減り、優先的に使うようになります。髪の毛を取ったり、洗面台を拭いたりするために、洗面所に置くのもおすすめですよ。

『じつは“袋”と“箱”が犯人だった』

袋や箱に入ったままのことが原因で、使われない物は多数あります。「いただいた物は箱から出す」「買った物は、紙袋から出す」など、まずは外側の包装を取る習慣をつけましょう。

例 □ジャムやジュースの詰め合わせ　□結婚式の引き出物
□お中元やお歳暮の品　□購入した靴や衣類

CHAPTER 1 部屋

溜めないコツ

物自体は姿を消しても違う形で残っていると考える。

長く使っていた物や、人からのもらい物はなかなか捨てられないですよね。そんなときは、物そのものに価値があると考えるのではなく、それによって得られた経験や喜び、思い出に価値があると、とらえましょう。「物自体はなくなっても、得られたものは自分の中に残る」。そう考えると手放せるようになりますよ。

『物は形を変えて残る』

次の３つは物を手放したときの「残る形」の例です。あなたが手放す物は何に変わりますか？

例 □人からいただいた物を手放す ➡ 物を通じて、感謝の気もちや愛情が残る。

□使わなくなったおもちゃを手放す
➡ 子どもの心の成長、知能や感覚の発達として残る。

□失敗した調理グッズを手放す
➡ 失敗の経験で、自分の向き不向きの目安が残る。

CHAPTER 1
部屋

溜めないコツ

使い道がないおしゃれ紙袋は、収納ボックスにする。

しっかりとした紙質や素敵なデザインの紙袋は、なかなか捨てられないもの。気づくと何枚も溜め込んでしまうことも。保管枚数はいちばん大きい紙袋に入るだけと決めます。捨てづらい場合は、かんたんな収納ボックスとして活用しましょう。小さい袋はもらったお菓子、薬やサプリメントなどのこまごまとした物を入れたり、調味料の仕切り代わりに使ったり、大きい袋はフライパンを立てて収納したり、大きさによってさまざまな使い方が可能です。

溜まる一方
だったのよね～

『かんたん！　収納ボックスの作り方』

1 紙袋の持ち手の少し下を切る。
2 高さを決めて折り目をつける
3 折り目に沿って内側に２回折り込んだら完成。

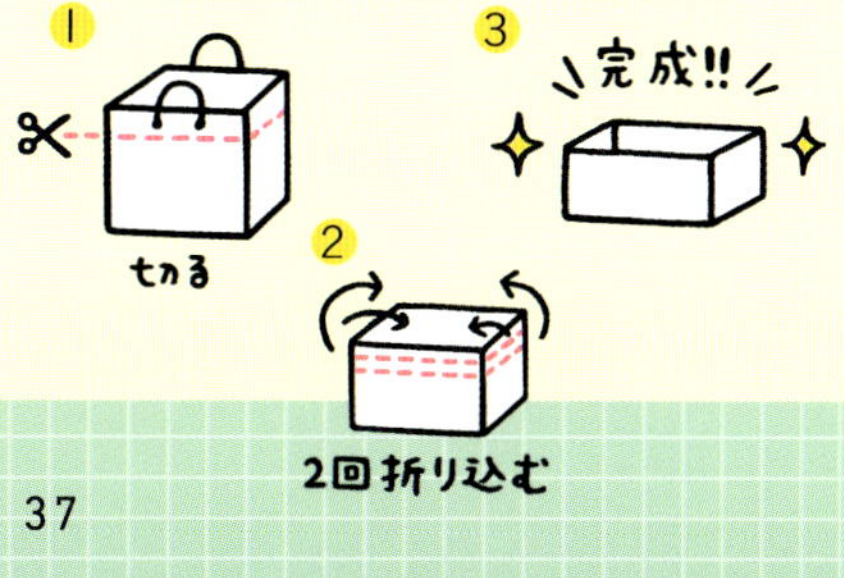
1
切る
2
2回折り込む
3
完成!!

CHAPTER 1 部屋

出しっぱなしにしないコツ

薬は救急箱に入れずに、そのままカゴへ。探す手間がなくなる。

薬や耳かきなどが、使用後に出しっぱなしになってしまうのは出し入れが面倒だから。救急箱や収納ボックスに入れると「箱を探す」「箱を持ち上げる」「フタを開閉する」という手間がかかります。薬などは救急箱ではなく、カゴや引き出しに収納したほうがサッと出し入れできるので散らかりづらくなります。救急箱は入る量も限られますが、カゴや引き出しなら収納量も自由に増やせます。

また耳かきがない〜！
毎日使ってるのに〜

『薬を出し入れしやすくするコツ』

ちょっとした工夫で、薬を探すのがラクになります。

□薬は体の内側用（飲み薬など）と外側用（塗り薬や湿布など）に分けて収納すると探しやすく、しまいやすい。

□体温計や絆創膏《ばんそうこう》など、よく使うものは取り出しやすいいちばん手前に収納する。

□箱は横に寝かせず、立てて収納する。

□薬の入った箱は端を少しカットすると中身が取り出しやすくなる。

ああ、またコップが
あふれてる〜

CHAPTER 1 部屋

出しっぱなしにしないコツ

コップは多用途に使えるものを選んで使いまわす。

気づくといつの間にかテーブルの上に増えているコップ……。片づけるのも大変です。コップは、温冷とアルコールにも対応できるタイプを選び、「1個を洗いながら使う」と決めると、何個も置きっぱなしになりません。多用途に使えるコップは「フリーカップ」のキーワードでネット検索するとおしゃれなタイプがたくさん出てきます。家族それぞれのコップをひとつずつ決めてもよいですね。

『物が増える瞬間に目を向けて』

物は放っておくと増えていき、それは散らかりにつながります。不要な物は捨てることが大切ですが、物を捨てるのが苦手な人も多いですよね。その場合は「捨てる瞬間」だけでなく、「家に物が入る瞬間」にも意識を向けてください。私たちはサンプル品や景品ひとつを捨てるときでも罪悪感を覚えますが、それらを家に入れる瞬間には驚くほど無頓着なのです。捨てるのが苦手な人は、なるべく捨てなくて済むようにまず家によけいな物を入れないようにしましょう。自分自身がラクになります。

CHAPTER 1
部屋

出しっぱなしにしないコツ

文房具は1種類につき2個までにすると家族も大事に使うようになる。

ある調査によると、20代〜40代の3人に1人が毎月文房具を購入しているそうです。このように文房具はどんどん増えがちですが、多くもっていると管理できず、必要なときに限って見当たらなくなることも。文房具は「1種類につき2個まで」と所有する数をしぼりましょう。数が少なければゆったり収納できるので戻しやすく、家族も「2個しかなければちゃんと戻そう」という意識が芽生えやすくなります。

『家族みんながもとの場所に戻せる方法』

文房具は「ペン」「のり」「ステープラー」「セロハンテープ」など種類別に分け、引き出しをそれぞれの文房具が収まる大きさに仕切ります。どこに何を入れるかを決めたら、各スペースの底面に、「ペン」「のり」など、文具名を書いたシールを貼りましょう。みんなが戻しやすくなります。小さいお子さんがいる場合には、文具のイラストを貼るのがおすすめ。

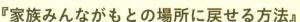

CHAPTER 1 部屋

がんばらずに片づけるコツ

まずは引き出しの1段めだけを片づける。短時間で達成感を味わえる。

面倒な片づけを気軽に始めるには、片づける場所をごく小さい範囲にしぼるのがコツ。たとえば「引き出し1段ぶんだけ」「テーブル半分だけ」など。戸棚の引き出しを全部片づけようとすると、負担が大きく行動しづらくなります。財布やバッグから始めるのもおすすめです。範囲がせまいと、うまく片づけられなかったときにすぐもとに戻せますし、スタートのハードルがグッと下がります。

これなら
できるかもしれない〜

『片づけのハードルを低くするコツ』

小さい面積から始める

洗面所の引き出し1段め。食器棚のカトラリーが入っているところにしぼります。

タイマーを使う

キッチンタイマーを15分に設定して片づけを始めます。アラームが鳴ったら強制終了。これでスタートがきりやすくなり、必要以上に片づけに時間をかけてしまうことも避けられます。

よく使う場所から始める

台所の引き出しや、冷蔵庫、玄関などから始めてみましょう。スッキリとして機能的になったことがすぐに実感できる場所がおすすめです。思い入れのある物が入った場所は難易度が高いので避けるのが得策。

COLUMN

“名前のない家事”にスポットライトを当てる

「家事」って何でしょうか？

辞書で調べてみると、「家庭内で、生活上必要な仕事。料理、洗濯、育児など」と書かれています。ずいぶんざっくりしていますね（笑）。

さて、こんな調査があります。

共働きの夫婦に「家庭での家事負担の割合」を夫、妻のそれぞれに質問したそうです。

まず妻の回答を見てみましょう。

妻の認識では「夫１割：妻９割」（約37％）がトップ。次に「夫２割：妻８割」（約22％）でした。

総合結果を見ると80％以上の妻たちが「妻の家事負担が７割以上」と回答しており、共働きにもかかわらず、圧倒的に妻の家事負担が多いことがわかりました。中には「妻が10割」という回答が約18％あったとか。

次に夫の回答を見てみると、夫の認識は「夫３割：妻７割」（約27％）がもっとも多かったとのこと。

妻は「夫は１割の家事しかやっていない」という認識に対して、夫は「自分は３割の家事をやっている」と思っており、夫婦間で大きな差が出たというのです。

なぜこんなギャップが生まれるのでしょうか？

そこで最初の質問に立ち返って欲しいのですが、夫と妻で家事と聞いて連想するものに差があり、おそらく夫には「家事と思っていない家事」が多くあるのでしょう。

たとえば、トイレットペーパーがなくなったら買いに行く、掃除機に溜まったゴミを捨てる、町内やマンションの会合に出席するなど。

夫にこれを伝えたら、「ああ！　それも家事なのか！」「そんなこともやってくれていたんだ」と驚くかもしれません。

こういった家事のことを「名前のない家事」と呼ぶそうです。もし夫が全然家事を手伝ってくれない……と感じているなら、一度「名前のない家事」について話してみるのはいかがでしょうか？

CHAPTER

2

掃除

のムダが消える

CHAPTER 2 部屋

ムダ掃除をなくすコツ

寝る前にフロアワイパーを寝室にセット。起床時にすべらせて移動すれば、掃除時間いらず。

わざわざ、掃除の時間を取っていませんか？　そんな人は、寝るときに寝室にフロアワイパーをセットしてみてください。朝起きて、床をすべらせながら移動すれば、通り道の掃除は完了。洗面所や別の部屋に寄り道しながら移動すれば、掃除の手間がさらに省けます。

『“掃除は朝イチ”がベストのタイミング』

床掃除をするなら、朝いちばんがベスト。なぜなら、ホコリは人が動いているときは空気中に舞い、人の動きがなくなると10〜12時間かけてゆっくり床に降り積もるからです。日中、外出する場合は、帰宅後のタイミングでもいいですね。ホコリは、最初はフワッとしていますが、時間が経つと空気中の水分や脂分を含みへばりつくので、早めに取ってしまいましょう。

CHAPTER 2 部屋

ムダ掃除をなくすコツ

フロアワイパーは見えるところに置くと気づいたときに、すぐに掃除できる。

掃除道具をしまい込んでいると、汚れに気づいてから掃除道具を手にするまでに時間がかかり、見ないふりをしてしまいがちです。あとまわしにしないためには、フロアワイパーを目につくところに置きましょう。ワイパースタンド（フロアワイパーを立てる専用のスタンド）を使用すると見た目もよく、サッと出し入れできます。棒状のアイテムをはさんで固定する「ワンキャッチ」を使っても。１００円ショップで手に入ります。

『シートは５枚づけするとラク』

フロアワイパーのシートのつけ替えって面倒ですよね。そんなときは、あらかじめ５枚まとめてつけておくと便利。毎回つけ替える手間がなくなります。

ムダ掃除をなくすコツ

掃除機のヘッド幅に合わせて家具を配置するとすき間も一気に掃除できる。

今までずっと
ずらしてた〜……

ダイニングテーブルやソファ、テレビ台などは壁にぴったりつけて配置しがち。でもこれが掃除しにくい部屋になる原因のひとつです。家具は、掃除機やフロアワイパーのヘッドの幅に合わせて、スペースを空けて配置しましょう。このスペースが掃除をラクにします。中途半端なすき間がいちばん掃除しにくく、ホコリの温床になるので注意です。

大掃除が
不要になる!

『すき間を空けられないときは？』

家具のサイズや、配置の都合上、すき間を空けられない場合もあります。そんなときは包装紙を幅に合わせて折り、差し込んでおきましょう。両端に角度をつけて凹の形にすると、細かいゴミもキャッチできます。汚れが溜まったら交換してください。

スイスイ〜♪

CHAPTER 2
部屋

ムダ掃除をなくすコツ

キャスター台を活用すると掃除の流れが止まらない。

掃除のたびに床に置いた観葉植物やゴミ箱を移動させて、もとの位置に戻すのは大変です。そのつど流れがストップして、モチベーションも下がります。キャスターのついた台の上にのせておけば、片手で移動させられるのでとってもラク。ゴミ箱や収納ボックスを購入する際には、キャスターつきかどうかをポイントにするのもおすすめです。

どんどん掃除が進む

『キャスターをフル活用』

キャスター単体だけでも販売されています。すでに愛用しているゴミ箱や収納ボックスの底に、市販のキャスターを強力両面テープでつけてもＯＫ。

CHAPTER 2
部屋

ムダ掃除をなくすコツ

ゴミ箱は紙袋で代用。引っ掛けておけるから、持ち上げずに済む。

フロアワイパーや掃除機をかけるときを思い出してください。物があるたびに「かがむ」「どける」「もとに戻す」の作業が発生していませんか？　とくにゴミ箱はその代表例。いっそのことゴミ箱は紙袋で代用してみましょう。イスの背もたれやフックをつけた家具などに引っ掛ければ、宙に浮いた状態になり、掃除の際にいちいち持ち上げる必要がなくなります。

『便利なフックはたくさんある』

ちょうどよく袋をかけられる場所なんてない！　そんな場合は、フックを取りつけてしまいましょう。さまざまな種類が販売されています。

おすすめフック

- □コマンドフック（3M）　取りつけ面を傷めることなく設置でき、不要になったり移動したりするときはきれいに取り外せる。3.5kgまでかけられるタイプも。
- □バッグハンガー（100円ショップなど）　テーブルや棚に置くだけで袋やバッグがかけられる。はずれて落ちないように両面テープで留めて使用する。

ムダ掃除をなくすコツ

サッシの溝、部屋の角……。掃除しにくい場所は、マスキングテープが効く。

窓まわりの溝や部屋の角は、掃除機やフロアワイパーが入らないので、ふだんの掃除ではフォローしにくい場所。ホコリや砂、土で汚れています。でもかがみながら雑巾で拭くのは面倒ですね。そういった、汚れが溜まりやすいけれど掃除しにくい場所には、マスキングテープがおすすめ。マスキングテープを貼って「汚れが溜まってきたなあ」と感じたら、ピーッとはがせばOKです。そもそも汚れないようにしてしまいましょう。

マスキングテープ
大好き〜

『まだまだ使えるマスキングテープ』

マスキングテープはいろいろなところに使えるお役立ちグッズです。たとえば電気をつける際にさわるスイッチプレート。手垢《てあか》が気になるときに、マスキングテープでかわいくデコレーションしつつ汚れを防げます。とくにお子さんがいるお家におすすめです。

CHAPTER 2
部屋

ムダ掃除をなくすコツ

コンセントのコード類は床につけず、宙に浮かすと掃除がラク。

コードやケーブルの整理に手を焼いている人は多いはず。床にはわせてしまうと、一瞬で掃除するのが面倒な場所になり、大掃除で苦労するハメに……。そうならないように日ごろの延長で掃除できるようにしておきましょう。ポイントは「電源タップ」。床に置かず、家電を置いた家具に取りつけ、コードは丸めてケーブルタイで留めて。浮いた状態になり、グッと掃除しやすくなります。

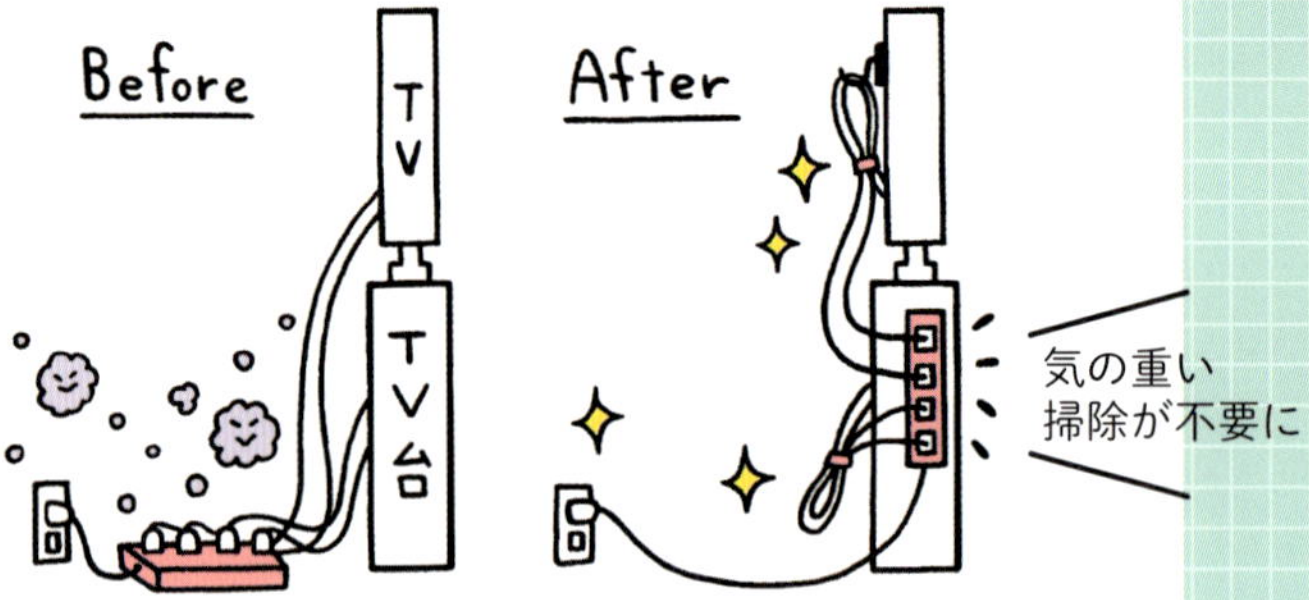
Before
TV
TV台
After
気の重い
掃除が不要に

『大掃除でホコリまみれにならないために』

コード類を宙に浮かせたら、家具と壁のすき間を掃除機やフロアワイパーが入る幅に空けておきましょう。コードがないので掃除しやすく、ホコリが溜まりがちなテレビ台の裏もいつもきれいにしておけます。

ホコリが溜まらないコツ

ホコリは隅に溜まる。面倒なときは、そこだけフロアワイパーで拭けばいい。

フローリングのホコリは、部屋の隅に集まる性質があります。忙しいときや急な来客で時間がないときは、掃除をそこだけにしぼりましょう。また、フロアワイパーをかけるときは、窓を開けずに掃除してください。窓を開けると、せっかく集まっているホコリが舞い上がり、効率的に取れません。ホコリをそっと拭いて、終了してから換気しましょう。

フロアワイパーをかけるときは窓は開けないで〜

『ホコリって何者？』

ホコリは衣類の繊維から出る糸くずや砂、髪の毛や花粉などが集まったもので、色の三原色の理論から、青・赤・黄色のちょうど中間に当たる、灰色もしくは黒色になります。また繊維がこすれる場所は、とくにホコリが発生しやすくなります。

ホコリが溜まる場所

- □トイレ、脱衣所、着替える場所 ➡ 衣類が体とすれて繊維が出る。毛髪も落ちやすい。
- □寝室 ➡ ベッドや布団から繊維が出る。
- □ずっと使っていない部屋 ➡ すき間から入ったホコリが換気されずに溜まっている。

年末の大掃除よ、
消えてなくなれ〜

CHAPTER 2
部屋

ホコリが溜まらないコツ

特等席にハンディモップを入れておくとモチベーションが下がらない。

なぜか掃除道具は、棚のいちばん下の段や、部屋の目立たない場所にまとめられがちです。発想を転換して「掃除道具＝いちばん取り出しやすい場所」に置いてみましょう。たとえばハンディモップは、リビングの棚のいちばん上の引き出しに入れておくと、ホコリが目についたときにすぐに取り出せます。かがんだりせず、いかに素早く手に取れる場所にセットするかがポイントです。

SHEET
これが
myスタメン！

『特等席にはこんなものを入れておく』

一瞬で手に取れるところに、ヘビロテ掃除道具を入れておきましょう。
たとえばこんなものを入れておくと、掃除に取りかかる時間を短縮できます。

例 □ハンディモップ　□ハンディモップの取り替えシート
□粘着ローラー　□ウエットティッシュ　□家具や家電を拭く洗剤
□ウエス（古いタオルやTシャツを小さく切ったもの。使い捨ての雑巾として使える）

ホコリが溜まらないコツ

背の高い棚の上に包装紙を敷いておくとホコリ掃除が不要になる。

背の高い棚の上は、掃除をするのも大変。しかも、思ったよりもホコリが溜まりやすく、気づくと汚れていてギョッとすることも。こういった場所には包装紙や新聞紙などを敷いて、年に一度の大掃除のときに新しいものと交換しましょう。ホコリ掃除をせずに済みます。

『目線より低い棚には布がおすすめ』

見て見ぬふりをしたくなる、低い棚のホコリ。つねにピカピカに保つのはちょっと面倒ですね。せめて目立たないようにするためには、布を1枚かけておくのがおすすめ。ホコリも目立たず、部屋のアクセントにもなりますよ。

いつの間にか
きれい〜

CHAPTER 2
部屋

パソコンまわりが汚れないコツ

パソコン＋ウエットティッシュ。起動している間に拭くタイミングが生まれる。

Wet
Tissue

仕事や趣味で毎日使っている人のパソコンは、意外と汚れています。でもわざわざパソコンの掃除時間を設けるのは面倒です。ならばパソコンは、電源を入れて起動している間に拭くタイミングを作ってしまいましょう。ウエットティッシュをパソコンのそばに置いておけば、習慣になりますよ。

『ウエットティッシュはみんなと仲よし』

掃除が面倒な電話の受話器やリモコンも、そばにウエットティッシュがあると便利です。通話が終わったら受話器を拭く。テレビを見ながらリモコンを拭く。こんなタイミングで拭いてしまえば、わざわざ掃除の時間を設けずに済みます。

CHAPTER 2
部屋

エアコン掃除をなくすコツ

エアコンは送風60分後に電源をオフにすると内部を乾燥できて、カビ予防できる。

すぐ止めると
カビが発生するって〜

エアコンをすぐに止めると、内部に湿気が残るため、カビの発生につながります。それを避けるには、電源を完全にオフにする前に1時間送風をかけるのがポイント。内部の湿気を逃してカビ予防になります。電気代は送風1回でたったの約0・3円。タイマーを使えば、それほど手間はかかりません。

『冷房を効かせるポイントは窓だった』

帰宅後すぐに冷房をかけても、なかなか部屋が涼しくならない。外のほうが涼しい……。そんなときは次のステップを試してみて。

1 窓を開ける。
2 扇風機を窓に向かってかける(こもった熱気が外に放出されて、冷房が効きやすくなる)。
3 熱気が排出されたら、窓を閉めて冷房をオンにする。

CHAPTER 2
台所

台所の床をベタベタにしないコツ

キッチンマットは撤廃。代わりにフロアモップと水入りスプレーをセット。

調理中の油はねや水はねは、キッチンマットで防いでいるつもりでも、外にも飛んでいます。キッチンマットは洗濯も大変ですし、めくって掃除機をかけるのも負担。いっそのことキッチンマットを撤廃しましょう。その代わりに、フロアモップと水や洗浄液入りのスプレーを準備しておき、調理が終わったらシュッとスプレーしてサッと拭けば、10秒で済みます。先端から水を噴射しながら掃除できるスプレーモップもおすすめです。

拭き時間は
たったの10秒♪

『揚げ物をするときは』

揚げ物や炒め物をする際は、コンロの下の床に新聞紙や使わなくなったバスタオルを敷いてみてください。床の汚れを防ぎます。ただし、すべらないように注意してくださいね。

CHAPTER 2 台所

台所の壁をベタベタにしないコツ

換気扇は調理5分前にオン、5分後にオフ。これだけで油汚れが軽減する。

コンロに点火したら換気扇をまわし、終わったらすぐに換気扇を止めていませんか？ そのタイミング、少しだけずらしてみてください。油汚れは調理後の油煙《ゆえん》（油を含んだ煙）が残っていることが原因。つまり油煙が外に排出されていないために汚れます。5分前から換気扇をまわして空気の流れを作り出し、調理後5分間はまわし続けて、油煙を外に出し切りましょう。滞留させないのがポイントです。

換気扇には
タイミングがあったのか〜

『レンジフードを汚れにくくするワザ』

レンジフードにはフィルターをつけ、油汚れを防ぎましょう。油を使った料理をよく作るなら1ヵ月を目安に、あまりしないなら2〜3ヵ月を目安に交換します。忘れがちな人は、「毎月1日に取り替える」と決めるなど、覚えやすい日を設定しておくとよいですね。レンジフードの外側の汚れを予防するには、リンスを薄く塗っておくと効果的ですよ。

CHAPTER 2
台所

コンロまわりをベタベタにしないコツ

油は2m飛ぶので揚げたり炒めたりするときは、アルミガードを活用。

揚げ物や炒め物をして油がパチッとはねると、その油は約2m先まで飛んでいます。ガードをしないと、確実に台所の壁についているのです。それを防ぐには「ひと口タイプのアルミガード」が便利。フライパンや鍋を囲って、油が広範囲に飛ぶのを食い止めます。スーパーや100円ショップで購入できますよ。

『油がはねない場所もベタベタになる理由』

台所の油汚れには「油はね」と「オイルミスト」の2種類があります。オイルミストとは調理時に発生する水蒸気や、油煙《ゆえん》に含まれる油脂分の微粒子で、台所全体に広がり、天井や壁につきます。だから「え？　なぜこんなところがベタベタなの？」と感じる場所があるのですね。油汚れをなるべく減らすためには、換気扇とアルミガードを上手に活用しましょう。

ちょっとした汚れを残さないコツ

液だれなどのちょっとした汚れはキッチンペーパー9分割が効く。

調理中にちょっとした汚れが気になるときはありませんか？　たとえばみそ汁を少しこぼしてしまったり、洗い物の泡が床に飛んでしまったり……。布巾を使うほどではないし、キッチンペーパーを1枚使うのもちょっともったいない。そんなときはキッチンペーパーを9分割して、台所にセットしておくと便利。躊躇《ちゅうちょ》なくサッと拭くことができます。

1

2

『キッチンペーパー9分割の作り方』

1 手で切れる方向に3等分にちぎる。
2 それを重ねてさらに、ハサミで3等分に切る。
キッチンペーパーを数枚重ねると、一度にたくさん作れます。

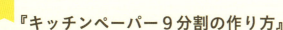

CHAPTER 2
台所

取っ手が汚れないコツ

濡れた布巾を持って開閉すると取っ手が汚れず、ついで掃除になる。

濡れた手で冷蔵庫を開けたり、油でベタベタな手で食器棚を開けたりして、台所まわりの取っ手は、意外と汚れています。だからといって、いちいち拭き掃除するのも面倒です。調理中に濡れた布巾やタオルを持った手で、開閉してみましょう。手が直接触れず、汚れがつきません。ついでにサッと拭くこともできます。

『こんなときに布巾を持ってみて』

台所まわりのべたつきや汚れはあなたの“手”が原因かもしれません。あれ？いつの間にか汚れてる……と感じる場所では、ぜひ濡れた布巾を持ってみて。

例 □冷蔵庫の開閉　□引き出しの開閉　□オイルや調味料を取り出すとき
□コンロの火加減を調節するとき　□魚焼きグリルを引き出すとき

早速、冷蔵庫の上を
見てみて〜

CHAPTER 2 台所

冷蔵庫が汚れないコツ

冷蔵庫の上面にラップをかけておくだけで大掃除が一切、不要になる。

冷蔵庫の上面は掃除の盲点。じつはホコリが溜まりやすいところで、そこに調理中の油や空気中の水分がつくと、嫌なベタベタ汚れになってしまいます。その汚れを拭かなくても済むようになるのが、ラップをかけるワザ。年末の大掃除のタイミングで交換すれば、掃除の必要もなくなります。上面に吹き出し口がある場合は、ふさがないように注意して。

こうしておくと大掃除を
しなくて済むんだよ

『冷蔵庫がかんたんに動かせるワザ』

冷蔵庫の下を掃除したいけど大きくて重い……。そんなときは次の方法でかんたんに動かすことができます。

1 冷蔵庫のいちばん下についている細長のカバーを外す。
2 外したら左右両側にストッパーがあるので、それを反時計まわりにまわしてゆるめる。
3 床から離すとかんたんに動かせる状態になる。

CHAPTER 2
台所

冷蔵庫の掃除をなくすコツ

ドアポケットには四隅を立たせたキッチンペーパーを入れておく。

調味料やドレッシング、ペットボトルなど、液体系を保管することの多い冷蔵庫のドアポケットは、液だれがつきやすい場所です。外して洗えますが、そんなのは面倒ですよね。ドアポケットにはたたんで四隅を立たせたキッチンペーパーを敷いておきましょう。汚れを予防してくれます。液だれがついたら、キッチンペーパーを取り替えるだけです。

『野菜室には包装紙を敷く』

野菜室は、土や葉、野菜から出た水分で汚れがちです。汚れ予防のために、包装紙や新聞紙を敷いておきましょう。土汚れなどは角に溜まりがちなので、四隅を立てておくと側面につく汚れもガードできます。

CHAPTER 2 台所

冷蔵庫の掃除をなくすコツ

食材の保存はテーマ別とトレー&カゴが合い言葉。

冷蔵庫に食材をそのまま入れると、奥の在庫が取れなくなり、存在を忘れてしまいますよね。テーマ別に分けて、トレーやカゴに入れて収納するのが便利です。たとえばバターやジャムなどを「洋朝食セット」、漬物や佃煮などを「和朝食セット」としてテーマ別に分けます。それをトレーやカゴに入れて収納すると、グッと取り出しやすくなり、冷蔵庫汚れも防げます。扉を開ける時間も短くて済みますよ。

いちばん上の段に入れるときは、取っ手つきのカゴが便利

『オリジナルのセットでもっと効率的に』

よく登場する食材は家庭によって個性が出ます。ぜひ自分だけのセットを作って、調理時間をスピードアップしてみてくださいね。

例
- □乳製品セット ➡ ヨーグルト、バター、チーズなど
- □お好み焼きセット ➡ 粉、天かす、青のり、干しえびなど
- □粉物セット ➡ 薄力粉、片栗粉、ホットケーキミックスなど
- □あまり使わない調味料セット ➡ オイスターソース、豆板醤《とうばんじゃん》、ナンプラーなど
- □みそ汁セット ➡ みそ、豆腐、油揚げなど

CHAPTER 2
台所

シンクが汚れないコツ

調理前にシンク全体に水をかけておくと水の膜ができて汚れにくい。

シンクを使う前に、打ち水をするイメージでサッと水をかけておきましょう。たったこれだけで汚れがつきにくくなります。水が膜となって、油のついたフライパンや、食べ終わった食器などの汚れが、シンクに直接つかなくなるからです。汚れがべったりつかないので、シンク内の掃除に時間がかからなくなります。

『洗って使えるキッチンペーパー』

ある調査によると、食器を拭いて水洗いした台布巾をキッチンまわりで半日干すと、台布巾の雑菌数は700倍以上に増えたそうです。でも天日干しやマメな洗濯は大変です。そんなときは洗って使える丈夫なキッチンペーパーが便利。「一般的なキッチンペーパーの使い捨てはもったいないけれど、台布巾は手間がかかって……」という人にちょうどよく使えます。

CHAPTER 2
台所

排水口がぬめらないコツ

排水口のぬめりは有機物が犯人。ミニゴミ入れで、排水口に流れるのをくい止めて。

排水口のぬめり掃除に手を焼いている人、多いのではないでしょうか？　ぬめりの原因は食べ残しや野菜の皮。だから直接排水口に流し込まずに、調理台の上に小さいゴミ入れを置いて、そこにすべて捨てましょう。ミニゴミ入れは、保存容器やキノコの入っていたパックなどにポリ袋をかぶせたものでＯＫ。このゴミ入れの上で野菜の皮をむけば、捨てるのもかんたんです。調理が終わったら、袋の口をしばってゴミ箱へ。

『なぜ、排水口はぬめるの？』

水分があるところに生ゴミなどの有機物が加わると、これを餌にする細菌類が集まってきます。すると、細菌はそこで増殖し、粘り気のある物質を出してヌルヌルとした膜を作ります。これが排水口のぬめりの正体「バイオフィルム」。このぬめり物質は、時間とともにはがれにくくなるので、ぬめったら早めに対処するのがいちばんです。

排水口がぬめらないコツ

排水口のバスケットは、凹凸のないステンレス製にするとぬめらない。

プラスチック製で凹凸のある、よくある定番の排水口バスケットは、細かい溝に汚れが溜まりやすく、掃除ブラシを使わないときれいになりません。そこでおすすめなのがステンレス製の底浅タイプ。パンチング加工された凹凸のないものにチェンジすれば、溝がないので汚れも溜まらず、スポンジでサッと洗うことができます。

取り替えない
なんて損してる〜

『抗菌グッズって本当に意味がある？』

抗菌加工された商品が増えていますね。一体どのように製造されているのでしょうか？　金属製品などの場合、表面に抗菌塗料を印刷したり、抗菌メッキを用いたりすることで、微生物の繁殖を抑えています。またその抗菌効果については、生きた細菌を加工した表面に塗り、それが増えるのか、あるいは減るのかで調べています。ちなみに「ステンレスは抗菌作用がある」は都市伝説で、抗菌効果はありません。

CHAPTER 2 浴室

浴室がカビないコツ

出る前のちょっとした
ひと手間〜

入浴後、浴室に熱いシャワーをかけるとカビ予防に効果大。

髪や体を洗うと、体から出た皮脂汚れや垢《あか》が、洗浄料の泡に混ざって、浴室の床や壁などに飛び散ります。カビはそれらを栄養ぶんにして繁殖していきます。湿気の多い浴室にこの汚れが残っていると、カビ菌にとっては天国になってしまうので、毎回洗い流す習慣をつけましょう。

こう見えて
カビ予防中♪

『冷水は逆効果！』

カビが生えやすいのは水が溜まっているところです。入浴後に冷水シャワーをかけると水滴が残りやすく、かえってカビの発生につながることも。入浴後は45℃以上の熱めのシャワーで汚れを流し、その後しっかり換気するのがカビ予防に効果的です。

今日から座ろう〜

CHAPTER 2 浴室

浴室がカビないコツ

シャワーは立ちよりも座り。汚れの飛ぶ範囲がせまくなる。

シャワーで体を流すとき、「立つ」よりも「座る」ほうが、泡や水しぶきの飛び散る範囲がせまくなり、汚れを予防できます。座って洗うと、汚れは床から約1mの高さまで飛びますが、立って洗うと汚れは約2mの高さまで飛んでしまいます。すると掃除が行き届かなくなり、カビ繁殖の原因を作ってしまうのです。浴室のカビを防ぐためには、風呂イスに座るのがおすすめ。家族にも協力してもらうといいですね。

座るだけで掃除いらず!
×
○

『カビは見えてから掃除では手遅れ』

浴室のカビが掃除してもすぐに生えてくるのは、天井に透明のカビが潜んでいて、胞子をばらまき増殖をくり返しているから。でも天井のカビ掃除は大変ですね。おすすめは掃除をがんばるのではなく「ルック おふろの防カビくん煙剤」（ライオン）など、浴室のカビを除菌できるグッズを活用すること。ぜひ試してみてください。

CHAPTER 2
浴室

浴室がカビないコツ

ただ換気扇をまわしても意味なし。正しい換気は通気口が鍵を握っていた。

換気は残念ながら換気扇をまわせばOKではありません。外から空気が入らないと、換気扇は威力を発揮しないのです。ポイントは通気口。扉の下にある横長のすき間です。このすき間が浴室の外の空気を引き込み、それを換気扇から排出することで湿気を外に逃がしています。しかし、通気口にホコリが溜まっていると空気が流れ込まないので要注意。汚れている場合は、急須の注ぎ口を洗う際に使う細いブラシ、通称「急須ブラシ」を使って。これを通気口に通すだけで、かんたんに掃除できます。

『浴室に窓がなくても問題なし』

「うちは浴室に窓がないからカビが多くて……」。これはちょっと違うようです。ある調査で、浴室に窓があってもなくても、検出されたカビや菌の数にはほとんど差がないという結果が出ています。正しく換気扇をまわせば、窓がなくてもカビ予防はできますよ。

CHAPTER 2
浴室

お風呂グッズがぬめらないコツ

床置きせず、S字フックでつるすと水が切れてぬめらない。

浴室で使う洗面器やボディブラシ、浴室掃除用のグッズなどは、気づくとぬめりがち。これらは床に置かず、浴室内のタオルバーにS字フックを利用してつるしましょう。濡れた浴室の床に長く接していると、なかなか乾燥せず、ぬめりやカビの原因になるからです。風呂イスがフックにかけられない場合は、浴槽のフチにかけましょう。

床に物がないと
掃除も速い！

『たとえばこんな“つるし方”』

洗面器や風呂イスは、100円ショップなどで手に入る専用フックを使ってつるしても。また、浴室にはマグネットがつく壁が意外と多いので、壁面にマグネットフックをつけて、ボディブラシや掃除道具をつるすと、移動もラクにできて便利です。

お風呂の排水口がぬめらないコツ

排水口のふたを取って見える化するとゴミを取るクセがついてぬめらない。

入浴するたびに、髪の毛や石けんカスなどが排水口に溜まります。これが排水口のぬめりの原因です。ふたを被せていると、排水口の中が目に見えないので、掃除があとまわしになり、どんどんぬめりがパワーアップしていきます。あとで嫌な思いをしないためには、思い切ってふたを撤廃し、つねに見える状態にするのがおすすめです。ふたを外すとへこみができるので、つまずかないように注意してください。

汚れていたのは
ふたのせいかも〜

『それでもぬめってしまったら？』

お風呂の排水口にぬめりが発生したら、「重曹＋酢」の組み合わせを試してみて。排水口のふたやバスケットを外し、重曹（１カップ）をふりかけ、その上から酢（１/２カップ）を注ぎます。発泡するのを確認したら５分後にシャワーで洗い流しましょう。

CHAPTER 2 浴室

浴室のきれいが続くコツ

お風呂用洗剤はシャンプーで代用可能。ついで掃除にぴったり。

入浴中、床や壁の汚れに気づいたら、すぐ手に取れるシャンプーやボディソープを使ってきれいにしてしまいましょう。掃除用の歯ブラシやブラシをすぐ手が届く場所につるしておき、シャンプーやボディソープをつけてこするだけです。トリートメント時間を利用してもOK。汚れを見つけたときにやってしまうのが、あとでラクするポイントです。

汚れ
見一つけた!
Shampoo

『本当にシャンプーできれいになるの？』

シャンプーやボディソープには界面活性剤という成分が含まれています。この成分に皮脂や垢《あか》などのタンパク質の汚れを落とす効果があるので、ちょっとした汚れならお風呂掃除にも使えます。浴室用の洗剤よりも肌にやさしいので、入浴中の使用にぴったりですね。

CHAPTER 2 浴室

水垢がつかないコツ

浴室用の水切りワイパーで水気を切ると水垢がつかない。

気づくと蛇口や鏡などについている白い水垢《みずあか》。これを防ぐいちばんの方法は、とにかく水滴を残さないことです。たとえばお風呂用の水切りワイパーを浴室にかけておき、お風呂上がりにサッと水気を切れば、10秒で水垢を予防できます。体を拭いたタオルでついでに水気を拭き取るのもよいですね。

体に害は
ないみたいだけど〜、
ね？

『水垢は無害だけれど……』

水垢の正体は、水道水に含まれるカルシウムやマグネシウムが、湿った状態と乾いた状態をくり返すうちにしだいに堆積《たいせき》したもの。そのため、浴室の鏡や蛇口は水垢がつきやすいのです。健康に害はないといわれていますが、一度できてしまうと落としにくいので、つかないように予防しましょう。

CHAPTER 2 浴室

湯船のきれいが続くコツ

重曹をひとつかみ入れて入浴すると湯船の汚れがサッと落ちる。

湯船の内側にうっすら横線が入っているのを見たことはありませんか？　これは湯垢《ゆあか》で、お湯に溶けた皮脂汚れがついたもの。これを防ぐには湯船に重曹を入れて、手でこの横線と底の四隅をこすりながら入浴してみてください。栓を抜いて排水すると、汚れも一緒に流れて湯船をきれいにできます。また、体の皮脂汚れも取り除いてくれるので、肌をスベスベにする効果も。

『入浴後はバスグッズをINする』

入浴後は重曹入りの湯船に、風呂イスや洗面器などのバスグッズを入れてしまいましょう。ひと晩つけておき、翌日取り出し、スポンジで軽くこすります。皮脂汚れをまとめてきれいにできますよ。

CHAPTER 2 洗面所

洗面所のきれいが続くコツ

髪の毛は1日50本抜ける。洗面所には床用の掃除グッズをスタンバイ。

洗面所は、髪を乾かしたりタオルを使ったりするため、髪の毛やホコリなどのゴミが出やすく、掃除を頻繁にしないとすぐに汚くなります。洗面所にコードレス掃除機があれば、気づいたときにサッと掃除できて便利。さらに掃除機の充電場所を洗面所にすると、別の場所から持ってくる手間もなくなります。粘着クリーナーを使う場合は持ち手の長いタイプを選ぶと、かがまずに髪の毛を取れて便利です。

『洗面所に置いておくと便利な物』

□フロアワイパー ➡ 髪の毛やホコリ取りに。
□ウエットティッシュ ➡ べたつく汚れに。
□ポケットティッシュ ➡ 溜まりがちなポケットティッシュの利用先として。
□トイレットペーパー ➡ ティッシュペーパーよりも安価。

CHAPTER 2
洗面所

洗面ボウルのきれいが続くコツ

手を洗うときにハンドソープで洗面ボウルも洗ってしまう。

洗面ボウルの汚れは、ハンドソープでも落とすことができます。手を洗うとき、せっかく泡がついているなら、その手で洗面ボウルをきれいになでてから流しましょう。これを習慣にすれば、いちいち掃除する手間がなくなります。

『洗面ボウルに近づいて！』

顔を洗うときや、口をゆすぐときは、なるべく洗面ボウルに近づきましょう。遠ければ遠いほど、水はねが激しくなるので、近づくだけで汚れが抑えられます。とくに男性は背が高いので、水はねが激しくなりがちです。家族に協力してもらうといいですね。

CHAPTER 2

洗面所

洗面台のきれいが続くコツ

タオルを置いて、使用後はサッとひと拭き。これだけでずっときれいな洗面台。

洗面台は、何人もの人が顔を洗ったり歯を磨いたりするため、皮脂汚れや石けんカスなどが残って、汚れやすい場所。だんだん薄汚れていくのを防ぐために、洗面台には小さいタオルやクロスを置いておき、使用後はひと拭きするようにしましょう。それだけで、きれいな洗面台がキープできます。ついでに鏡も拭いてしまうとよいですね。タオルの置き場所がなければ、洗顔時に顔を拭いたタオルを使っても。

水がはねたら
自分で拭かないとね～

『コップ1杯の水をまわしかけるのもgood』

洗面台を使ったあとは、洗顔剤や歯磨き粉など、細かい残留物がへばりついていることも。最後に水をかけてしっかり流しましょう。コップ1杯ぶんの水をかけ流すのを習慣にするとよいですね。忙しくても、これをやっておくだけで汚れ具合に差が出ます。

CHAPTER 2
洗面所

洗面台の排水管が汚れないコツ

週1回、40℃の湯を洗面ボウルに溜めて勢いよく流すと排水管汚れが予防できる。

洗面台の排水管の中に一度汚れがつくと、時間とともにぬめりや詰まり、悪臭の原因になります。それを防ぐためには、週1回、洗面ボウルに40℃くらいの湯を溜めてから、栓を外して勢いよく流しましょう。湯には皮脂汚れを浮かす効果があるので、排水管の中の汚れを浮かすためにも効果的。日ごろのパイプ掃除はこれで充分です。

『お湯はお湯でも、熱湯はNG』

洗面台や台所の排水口、パイプの耐熱温度は一般的に60℃です。消毒をするつもりで熱湯をかける人がいますが、これはＮＧ。60℃以上の湯を流すと、素材が傷んで変形の原因になります。また、洗面ボウルに熱湯を注ぐと、局部的に加熱されることで、その部分だけが膨張して割れることもあります。

CHAPTER 2
トイレ

便器のきれいが続くコツ

寝る前にトイレ用の除菌洗浄剤をスプレーしておくと寝ている間にトイレ掃除が終了。

便器の黄ばみや黒ずみは、尿石やカビが付着することが原因です。その汚れが重なるとこびりついてしまうので、こまめに洗浄、除菌することが重要。市販されているトイレ用洗浄剤の中には、スプレーして放置するだけでその役目を果たしてくれるものがあるので、トイレ掃除が面倒な人はぜひ活用してみて。

『こんな便利な洗剤は買っておいて損はなし』

トイレは汚れて当然？　いえいえ、じつは汚れを予防できる便利なアイテムがあります。しかも1日1回スプレーしておくだけ。汚れがつかないようコーティングしてくれたりします。一度お試しあれ。

□トイレマジックリン 消臭・洗浄スプレー ツヤツヤコートプラス（花王）
□トイレのモコモコ泡スプレー（アイリスオーヤマ）

トイレ掃除って
いつもあとまわし〜

CHAPTER 2
トイレ

トイレ掃除が面倒にならないコツ

トイレ掃除は3つに分けるとラクになる。

意外とやることの多いトイレ掃除。一度にやるのが大変なら3つのパーツに分けて掃除するのがおすすめです。①便器　②床&壁　③小物類　の要領で、1日に1パーツ掃除すると、負担が少なく感じて取りかかりやすくなります。トイレ掃除のように気分がのらない作業ほど、小さく分けるとラクになります。

『トイレ掃除には順序がある』

ポイントはきれいな場所からスタートすること。トイレ用ウエットシートや雑巾をムダなく1枚で済ませられます。

1 便器の日：タンク ➡ ふた ➡ 便座（表）➡ 便器外側 ➡ 便座（裏）➡ 便器のフチ ➡ 便器内側

2 床＆壁の日：壁 ➡ 床

3 小物類の日：ドアノブ ➡ ペーパーホルダー ➡ 戸棚 ➡ スリッパ裏

CHAPTER 2 トイレ

トイレ掃除が面倒にならないコツ

床に物を置かないとトイレ掃除はもっとラクになる。

トイレの床には、できるだけ物を置かないようにしましょう。収納できるものは戸棚にしまい、収納できない場合はひとつのカゴにまとめて、一度に移動できるようにしておきます。便器の側面につけられる吸盤つきタイプのトイレブラシもあります。床置きせずに済むので便利ですよ。

『トイレは意外ときれいだった』

「トイレは汚い」というイメージですが本当でしょうか？　じつは排泄後の水洗で菌は流れており、便器内にはわずかな菌しか残らないことがわかっています。また、ある調査で、複数人が利用する某施設のトイレの便座には、5㎠あたり、数個〜450個の菌が確認されているのに対し、人間の口の中の歯垢1㎎には1億個以上、手には1㎠あたり10万個以上の常在菌が生息しています。便座の表面はかなり清潔といえますね。抗菌や消毒に、あまり過敏にならなくても大丈夫そうです。

CHAPTER 2 玄関

玄関のきれいが続くコツ

玄関は燃えるゴミの日に掃除するとそのままゴミ捨てに出せる。

玄関掃除はついあとまわしになって、来客時にあたふたしますよね。玄関掃除はタイミングを決めてしまいましょう。おすすめは燃えるゴミの日。ゴミを出すときに、ついでに玄関を掃いたら、そのゴミはそのままゴミ袋に入れて出してしまいます。こうすればわざわざ玄関掃除の時間を設けずに済みます。ほうきは玄関近くにセットしておくとよいですね。

『ちりとりは不要』

「ほうき」がないとゴミを掃けませんが、「ちりとり」はなくても大丈夫。チラシや不要になった紙、古新聞でも代用可能です。しかも掃除後にそのままゴミと一緒にゴミ袋に入れて捨てられます。ちりとりを置くスペースや洗う手間もなくなりますよ。

CHAPTER 2
玄関

玄関のきれいが続くコツ

玄関＋ウエットティッシュは地味によく効く。

インターホンや扉の取っ手、表札などの掃除はしていますか？　おそらく多くの人が見落としていると思いますが、ここは砂や土ボコリで結構汚れています。玄関は第一印象を決める場所。とくに来客時は案外目に留まるところです。でもわざわざ掃除するのは面倒なので、靴箱にウエットティッシュを入れて、出かける際にひと拭きしてしまいましょう。

『細かいところに手が届くハケ』

郵便受けやドアの凹凸などに溜まりがちな砂や土ボコリ。これらの掃除にはペンキ塗りに使う「ハケ」が便利。溜まった砂や土ボコリはいきなり水拭きすると逆に汚れが落ちづらくなるので、まずはハケで払うのがおすすめです。ハケは靴箱の扉裏などにつるしておき、出入りのついでにササッと払いましょう。

COLUMN

掃除ってじつは短時間で終わる

掃除って、面倒ですね。私も本当に苦手です。

でも取りかかると、意外に早く終わってしまうことありませんか？　実際、掃除にかかる時間を知っているようで知らないなあと思い、各掃除時間を計ってみたらこんな結果になりました。

＋ 掃除にかかる時間

場所	かかった時間
排水口（台所、浴室など）	30秒
トイレ掃除	2分
玄関掃除	1分
洗面所掃除	30秒
モップがけ	2分20秒
戸棚などのホコリ取り	30秒
靴をしまう	10秒
コンロの拭き掃除	5秒
ダイニングテーブルの拭き掃除	10秒

いかがでしょうか？　意外と短い時間で終えられていると思いませんか？　掃除に取りかかるまでの時間のほうが長い、という人も多いのでは。

もちろん家の広さや家族の人数で違いは出ます。でもそんなに大きくは変わらないでしょう。

面倒だなあ。髪の毛が溜まって気もち悪い……などとネガティブな思考が先行する前に

「よし！　30秒で終わらせよう」

「1分しかかからない」

と、発想を変えてみてください。30秒なら、1分だけなら……と、体が動き出すはずです。

CHAPTER

3

洗濯

のムダが消える

CHAPTER 3 洗濯

洗濯量を減らすコツ

着たけどまだ洗わないコーナーを作ると洗濯量が減る。

自分が気にならないのなら、同じ服を2～3回着ても大丈夫です。そのぶん洗濯量も抑えられます。とはいえ、着用済みの服を、洗濯済みの服と一緒に収納するのはちょっと気が引けるので、まだ洗わないコーナーを設けて区別しましょう。洗い過ぎは生地を傷める原因にもなります。必要以上に洗濯しないほうが、服にとってもベターです。

『まだ洗わないコーナーの作り方』

「洗濯済み」と「一度着た」服は、ごちゃまぜになりがち。まだ洗わないコーナーのアイデアをご紹介します。

例
- □鴨居《かもい》などにフックとハンガーをつけて、かける。
- □専用のカゴを置いてそこに入れる。
- □クローゼット内に専用スペースを作る。
- □ハンガーに目印をつける。

CHAPTER 3 洗濯

洗濯量を減らすコツ

バスタオルはフェイスタオルにチェンジすると洗濯量が大幅減。

入浴後はバスタオルで体を拭くのが一般的ですが、1回の入浴につき、男性はフェイスタオル1枚、女性は2枚あれば充分に足りるのをご存じですか？ **バスタオルをフェイスタオルに変えると、洗濯物の量が約三分の一に減り、干す手間も激減します。**乾くスピードもアップするので、だまされたと思ってぜひ一度トライしてみてください。

『バスタオルは何回使ってから洗う？』

よく論争になる「バスタオルは何回使ったら洗うのか問題」。ある研究調査によると、使用直後のバスタオルには、数十〜数百個くらいの雑菌がつき、その**タオルを３日間洗濯せずに使うと、細菌数は数万〜数億個に激増する**そうです。細菌の増殖の原因は水分と栄養。使用後のバスタオルには細菌に加え、細菌の栄養となる汗や垢《あか》などもつくので、湿気が残っていればどんどん菌数は増えるのです。菌という視点からは、バスタオルは使用ごとに洗濯するのが望ましいようです。

CHAPTER 3 洗濯

洗濯量を減らすコツ

バスマットは撤廃。珪《けい》藻《そう》土《ど》のバスマットを使えば洗濯不要になる。

バスマットは、通常の洗濯物とは分けて洗濯するので面倒です。しかも大きくて厚みがあるので乾きにくい、やっかいなアイテム。でも珪藻土のバスマットにすれば、もう洗う必要なし。濡れた足で踏んだ瞬間から吸水してくれます。珪藻土タイプ以外なら、ビジネスホテルで使われているような薄いタオル地のものを選ぶと、洗濯物を少し減らせます。

※珪藻土は、植物性プランクトンの一種が、長い年月をかけて海底や湖底で化石化したもの。吸水、放湿性の高さが特徴。

サラサラ〜♪
一度使ったらやめられない！

『珪藻土って使える！』

珪藻土はバスマットのほかにコースターやブロック型など、さまざまな形状があります。コースターは洗面コップや歯磨き粉の下に置けばぬめりを防ぎ、ブロック型のような小さいタイプは、塩などの容器に入れると固まってしまうのを防げます。ただし、珪藻土は砂糖には向きません。砂糖には食パンの欠片を入れると固まりにくくなり、効果的です。

CHAPTER 3 洗濯

仕分けをなくすコツ

洗濯カゴを洗う物別に用意すると仕分けが不要になる。

仕分け人生にさよなら〜

意外と面倒なのが洗濯物の仕分け作業。そこでおすすめなのが「乾燥をかける」「乾燥をかけない」「おしゃれ着」など、それぞれのカゴを用意すること。それに合わせて放り込んでいけば、仕分けが不要になります。カゴにはひと目でわかるように印をつけたり、プレートをつけたりしておくと、家族も迷いがなくなります。

一目瞭然だから
すぐに入れられる!
乾燥
かける
乾燥
かけない
おしゃれ着

『デリケート衣類の仕分けもなくせる』

ブラジャーやストッキングは、洗濯ネットに入れたいデリケート衣類。でもそのために洗濯物の中からネットを掘り出すのも、面倒な作業です。そんなときは、チャックを開けた洗濯ネットを洗濯バサミで洗濯カゴにつけましょう。デリケートな衣類は脱いだらそこに入れておけば、洗濯時にチャックを閉めるだけでOK。仕分けが不要になりますよ。

CHAPTER 3 洗濯

衣類が汚れないコツ

シャツの襟や袖口にベビーパウダーをつけておくと皮脂汚れがつきにくい。

シャツの皮脂汚れにおすすめなのがベビーパウダー。着用前に襟や袖口など、気になる箇所にトントンとなじませましょう。ベビーパウダーの高い吸水効果で汗や皮脂を吸い込み、汚れが生地にしみ込むのを防ぎます。ベビーパウダーは水分や油を吸収する働きのある「コーンスターチ」が原材料のタイプを選んでください。ちなみに、シャツを購入するとき、襟や袖の裏側が柄になっているタイプを選ぶと、汚れが目立ちにくくなりますよ。

とくに夏は汗が多いから
汚れやすいんだって〜

『なぜ襟だけ黒くなる？』

毛穴から出た皮脂が襟に付着すると「黄ばみ」になり、そこにホコリや塵《ちり》がつくと「黒ずみ」になります。とくに襟まわりは、肌と生地がこすれる場所で、汚れが繊維の奥深くまで入り込むため、普通に洗濯しても汚れ落ちが悪くなります。また、皮脂汚れが落ちやすいのは40〜50℃ですが、洗濯時の水温はそれよりも低いことが多く、さらに汚れが落ちにくくなるのです。

洗濯物がにおわないコツ

使ったタオルは、乾かしてから洗濯カゴへ。5時間以内に乾燥しないと菌が繁殖する。

濡れた髪や体を拭いたタオルをそのまま、洗濯カゴや洗濯機の中に放置しておくと、時間とともに菌が繁殖して、いやなにおいが発生しやすくなります。におわせないためには、しっかり乾かすこと。使ったタオルはハンガーにかけたり、洗濯カゴのフチにかけたりして、必ず乾かしてから洗濯カゴに入れましょう。衣類も同様です。

『乾燥は“5時間以内”がマスト』

ある調査によると、部屋干しは5時間以内に乾かせるかどうかがポイントであることがわかってます。なぜなら洗濯終了から5時間を境界に、菌が繁殖し出すからです。これがよくある生乾き特有のにおいのもとです。通常の洗濯で取れる菌ではないので、洗濯後はできる限り早く乾かしましょう。

干す作業をラクにするコツ

シャツの袖口と前身ごろのボタンを留めて洗濯すると絡まり知らず。

干す際に洗濯物が絡まっているとイライラしますよね。絡まる原因は、袖。男性シャツの場合、袖の長さは両腕合わせると約150㎝。これが洗濯機の中で四方八方に広がるため、いろいろな物と絡まり合うわけです。ポイントは脇を締めること。袖口のボタンを前身ごろのボタン穴に留め、洗濯中に袖がヒラヒラしないようにすれば、絡まりを防げます。

取り出しやすくなって
干すスピードも上がる!

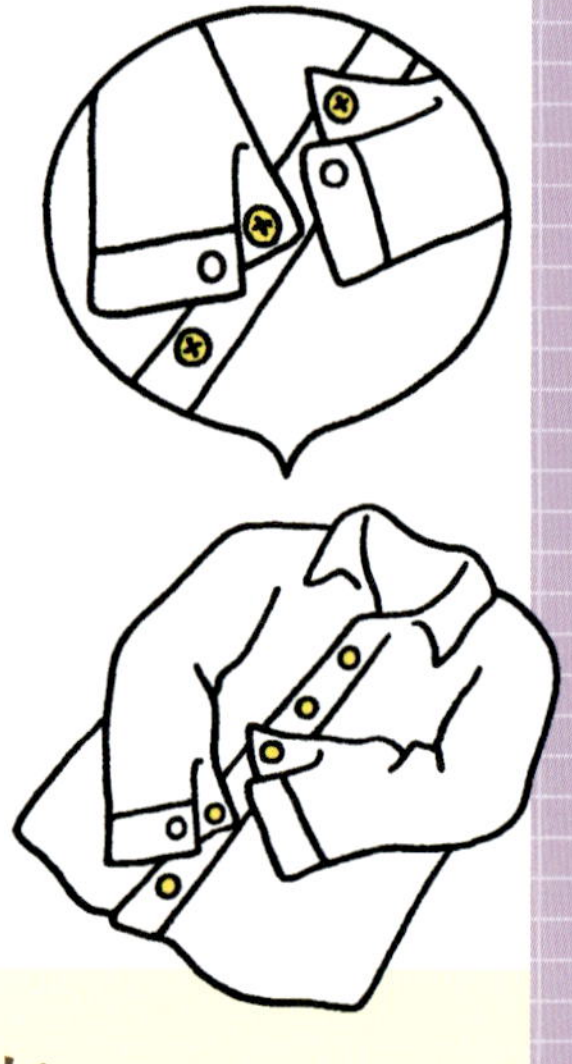

『ひとつずつ入れるだけで絡まらない』

洗濯物はまとめてドンッと入れると絡まりやすくなるのを知っていますか？　ひとつずつ洗濯槽に入れるだけで、絡まりにくくなります。また、衣類が多いと絡まりやすくなるので、入れる量は洗濯槽のサイズに対して7割以下に。さらに柔軟剤を入れると絡まるのを軽減する効果があります。

外に干すのは
案外大変～

CHAPTER 3
干す

布団干しをラクにするコツ

布団は外で干さなくてもいい。室内でも充分効果がある。

布団は外で干さなくても、日当たりのいい室内で充分乾燥できます。天気のよい日に窓際にイスやテーブルを置いて、その上に布団をのせましょう。フカフカになります。羽毛布団なら綿と違って頻繁に干す必要がなく、月に2回くらい1～2時間干すだけでOK。時間がなければ、起きたときに掛け布団を半分めくっておきましょう。頭側と足側を日替わりで交互にめくれば、湿気がまんべんなく抜けます。

室内でも
フカフカになる

『梅雨の布団干し＆マットレスのお手入れ』

梅雨など、天気の悪い日が続くときは、イスやソファに布団を広げて、エアコンの除湿運転を６時間ほどかけて。これで湿気を抜くことができます。
ベッドのマットレスは、壁や棚に立てかけられないなら、厚い本をはさんで風を通すとよいでしょう。

CHAPTER 3 干す

早く乾かすコツ

梅雨どきの部屋干しは扇風機＋エアコンのダブル使い。早く乾いて、コストも低い。

梅雨どきは、部屋干しした衣類をエアコンの下に置き、エアコンと扇風機の2つで風を送ります。エアコンは湿気の多い日はドライ、暑い日は冷房をかけます。衣類乾燥モードのある場合は、それを使いましょう。扇風機の風を当てつつ、エアコンで部屋の湿度を下げると、洗濯物の水分が乾燥した空気に変わっていき、乾燥時間が短縮します。ちなみに扇風機はコストは低めですが乾くのに時間がかかり、エアコンは乾く時間は早いですが電気代が高いため、ダブル使いがおすすめです。

『扇風機は“弱”でＯＫ』

扇風機の風は「首振りモード」にするのがよいでしょう。風が当たる範囲が広くなります。しかし風量は「弱モード」で大丈夫。風量による乾きの差は、あまりありません。

比べてみると…… 洗濯物4.5kgの場合

- □エアコン＋扇風機 ➡ 乾燥時間120分　コスト約27円
- □扇風機のみ ➡ 乾燥時間425分　コスト約６円
- □エアコンのみ ➡ 乾燥時間166分　コスト約34円

CHAPTER 3
干す

早く乾かすコツ

乾いたバスタオルを1枚入れると乾燥時間を10〜30分、短縮できる。

乾燥機は、熱によって衣類の水分を蒸発させて乾かしています。「何となくいつも生乾きだ」「乾燥時間をもっと短縮したい」と感じる人は、乾燥機に乾いたバスタオルを1枚投入してみてください。タオルが湿った衣類に触れることによって水分を吸収して、乾燥時間を短くできます。タオルのサイズは大きければ大きいほど、効果が出ますよ。

タオルを1枚
入れただけで
なんだか
得した気分〜

『洗濯物は上から乾いていく』

洗濯物は上から乾いていくのをご存じですか？　干した洗濯物の上部が乾いた時点で、上下を入れ替えると、より早く乾きます。また、乾いた洗濯物を外すと風の通りがよくなり、残った洗濯物が早く乾きます。

CHAPTER 3 干す

早く乾かすコツ

部屋干しは、窓際ではなく部屋の中央で干す。

部屋干しをする際、窓際で干していませんか？　じつはもっと早く乾く場所があります。それは部屋の中央。窓際よりも空気に触れる面積が広がり、乾くスピードがアップするのです。カーテンレールを使って干す人がいますが、これはNG。窓や壁のそばは空気の動きが悪く乾きにくいですし、カーテンは意外と汚れているので、衣類に雑菌がつきます。

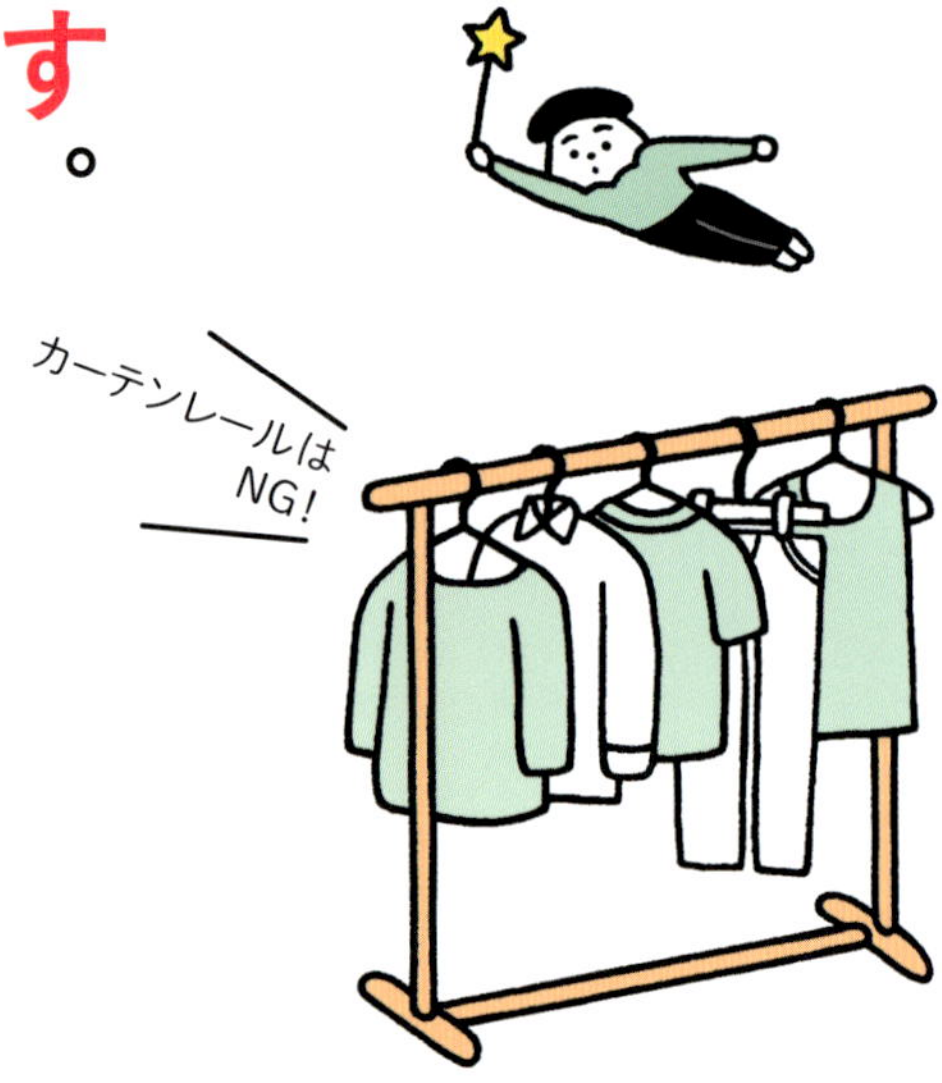

『ついた花粉の８割は落ちない』

最近は花粉や黄砂、粉じんを気にする人が増え、部屋干しする人は９割にも上るとか。濡れた状態の洗濯物に花粉がついた場合、８割以上がそのまま付着しているという調査結果もあります。とくに花粉症の予防には部屋干しが最適です。また、花粉が衣類に付着するのを予防するには、柔軟剤を使用するのが効果的。静電気を抑える効果があるからです。

いっつもフードが
生乾き〜

CHAPTER3
干す

早く乾かすコツ

パーカーはスカート用ハンガーを使うとよく乾く。

パーカーのフードの重なり部分。なかなか乾きにくくありませんか？　パーカーはスカート用ハンガーでフード部分をはさみ、背中から離して干してみましょう。生地と生地の間に風が通るようにするのがポイントです。

生地を重ねない
のがポイント

『乾燥スピードアップの干しテク』

早く乾かすポイントは、濡れた生地の重なりを減らすこと。空気に触れる面積を広げること。この２つに注目して干してみましょう。

例
- □シャツ ➡ ボタンを外し、襟を立てる（重なりが減る）。
- □靴下 ➡ 履き口を広げて空洞を作る（内側に空気を通す）。
- □スカートやズボン ➡ 裏返してポケットを外側にし、筒状にピンチで留める。ファスナーは開ける（内側に空気を通す）。
- □Ｔシャツなど ➡ 厚みのあるハンガーを使う（重なりが減る）。

CHAPTER 3 たたむ

たたむ作業をラクにするコツ

洗濯物は立ったままたたむと短時間で片づく。

乾いた洗濯物は座ってたたむのではなく、ピンチハンガーから外すタイミングで立ったまま、たたんでしまいましょう。外し終わったときにはすべてたたまれた状態になり、あとはそのまましまえてスムーズです。

座るとなかなか
動き出せない〜

『場所別、人別に干す』

洗濯物を干すときは「クローゼット」「洗面所」などの場所別や、「夫」「娘」「息子」などの人別に干すのがおすすめ。干す時点で仕分けられているので、バラバラになっているよりも、たたむ＆しまうがラクにできます。

たたむ時間をなくすコツ

ハンガーにかけたままという選択で1枚でも多くたたまない。

たたむ作業ってとにかく面倒ですよね。だったらいっそ、たたまずに済むものを増やしましょう。ハンガーにかけて干せるものは、なるべくハンガーを利用して、乾いたらそのままクローゼットへ収納。Tシャツもハンガーにかけたまましまいましょう。

乾いたら
クローゼットへ
直行

『たたまない収納　あれこれ』

シワが気にならないものは、カゴや引き出しに、そのまま放り込むだけでＯＫ。たたまないものをひとつでも増やして。

例 □ストッキング、タイツ、布巾 ➡ シワが気にならないから、丸めて放り込める。

□靴下 ➡ 同じデザインでそろえておくと、ペアにせずそのまま放り込める。

□肌着、パンツ ➡ 仕切りのあるケースを使うと、軽く丸めて放り込める。

CHAPTER 3 たたむ

やらなきゃ！
って思い込んでた〜

たたむ時間をなくすコツ

たたむ役割の人を作らない。自分の物は自分でたたむ。

洗濯物をたたむ作業に危険な工程はありませんし、基本的にだれでもできます。あなたでなければ、できないことではありません。洗濯物をたたんで収納する作業は、各自でやるように提案してみましょう。家族それぞれのカゴを用意し、乾いた洗濯物をその中に入れてリビングに置いておきます。それぞれの洗濯物が明確になり、手をつけやすくなります。

ひとりでやるのは
やめよう

『説明しなくてもわかる状態にする』

自分以外のだれかに作業をしてもらうためには、説明しなくてもひと目でわかる状態にすることが大切です。たとえば、ハンガーやカゴを人別に色分けしておくと、自分のぶんがひと目でわかって収納してもらいやすくなります。ハンガーやカゴにマスキングテープをつけて目印にしてもいいですね。

CHAPTER 3
たたむ

しまう作業をラクにするコツ

シーツを洗ったら、たたまずに同じものをつける。

シーツって収納に困りませんか？　サイズが大きいので、スペースを確保するのはもちろん、たたむのも面倒です。そこでおすすめなのが、「洗濯して乾いたシーツを、また使用する」です。わざわざたたむ手間、しまう手間を省きましょう。そうするとシーツは1枚で足ります。乾かなかったときのために、予備は1枚あれば充分です。

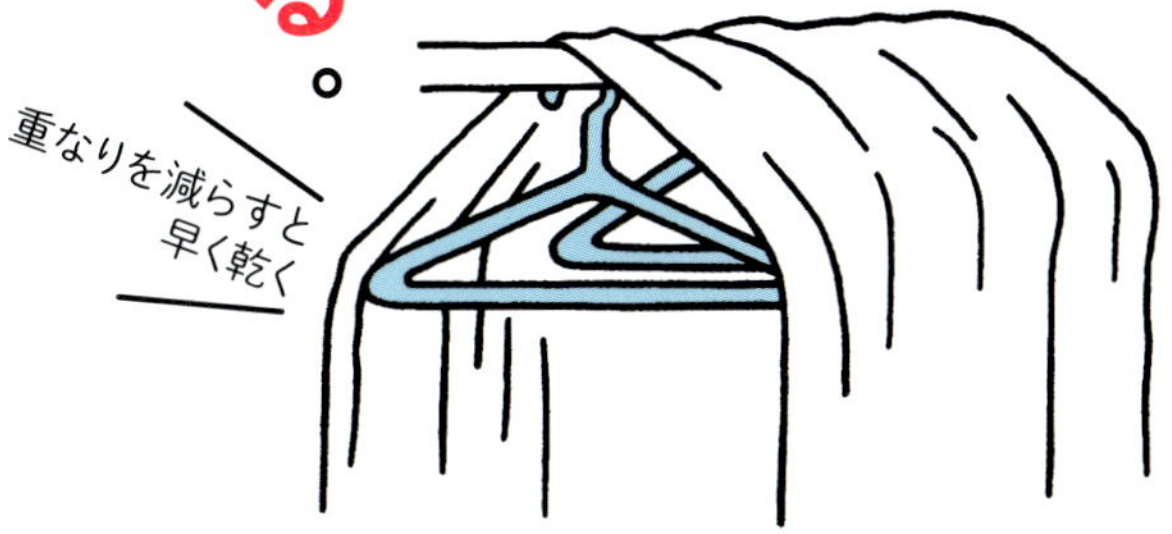

『よく乾くシーツの干し方』

シーツを干すときは、竿《さお》にハンガーを数本かけ、その上に広げます。空気の通り道ができるので、乾きが早くなりますよ。ハンガーを使わないときは、裾をずらして、なるべく生地が重ならないようにします。ピンチハンガーを使って干すときは、蛇腹《じゃばら》状に干しましょう。ボックスシーツならパラシュート状に。

CHAPTER 3
アイロン

アイロンがけをしないコツ

シワにならない、専用の洗濯ネットがある。

「ネットdeきれい」という商品に代表される、シワをつきにくくする洗濯ネットがあるのをご存じですか？　とくにきれいに保ちたいおしゃれ着を洗うときは、ぜひ使ってみてください。しっかりしたネットがシワを防ぎ、アイロンがけをしなくて済むほどきれいに洗えます。

そもそもシワを
作らない発想〜

『ネットに入れるだけ』

メッシュ状のシートに衣類をはさみ、クルクルと丸めて洗濯ネットに入れて洗濯機へ。脱水時の型くずれ、シワを軽減でき、アイロンの時間を短縮できます。シャツ用、パンツ用などがあり、制服やズボン、スカート、浴衣などのアイロンがけもラクになります。

CHAPTER 3
アイロン

アイロンがけをしないコツ

シワがついた衣類は、入浴後の浴室につるすと湿気でシワが取れる。

シワがついてしまった服は、入浴後、湿気のあるうちに浴室にかけてみましょう。ジャケットやスカートなど、30分〜1時間程度でシワがなくなります。シワの気になる部分に軽く霧吹きをしておくとさらに効果的です。その間、換気扇はまわさずに。浴室から出したら風通しのよい場所で陰干ししましょう。浴室で干せない場合は、市販のシワ取りスプレーを使ってもいいですね。

『脱ぎっぱなしは頑固なシワの元』

ジャケットやスーツを連続で着用したり、脱ぎっぱなしにしたりするのはＮＧ。シワが寄り、型くずれの原因になります。一日着用したらサイズに合ったハンガーにかけて霧吹きをします。それから陰干ししてシワを取りましょう。アイロンがけが減らせます。

CHAPTER 3
アイロン

アイロンがけをしないコツ

シャツは縦・横・斜めに生地を引っ張って干すとシワができない。

衣類を洗濯すると、縦と横で編まれた繊維がくずれます。そのまま干すとシワになってしまうので、両手で生地をはさんで引っ張りながらシワを伸ばしましょう。それだけでシワがかなり軽減できます。Tシャツや枕カバーなどは伸ばしながら軽くたたみ、積み重ねて15分ほど置いてから干します。重し効果でピンとなりシワができません。

シャツを
形態安定加工タイプに
してもいいみたい〜

『シャツのシワの伸ばし方』

1 脱水は短めにする。
2 シャツの襟を持ち、シャツを大きく振りさばく。
3 一度軽くたたみ、手のひらで叩きながらシワを伸ばす。
4 とくに襟、前立て、身ごろ、ポケット、袖口は、縦、横、斜めに生地や縫い目を引っ張ってシワを伸ばし、形を整える。

CHAPTER 3
アイロン

アイロンがけをしないコツ

ハンカチはたたんで干すとアイロンいらず。

ハンカチは、洗濯したら濡れているうちに持ち歩く大きさにたたみ、両手ではさんで叩きながらシワを伸ばし、角を洗濯バサミではさんで乾かします。すると、アイロンをかけずにそのまま使えます。ハンカチは生地が薄いので、乾かない心配もありません。

薄いから
ちゃんと乾きます

『ギザギザが気になる人へ』

ハンカチに洗濯バサミの跡がついてしまうのが気になる場合は、洗濯バサミのギザギザの部分にビニールテープを巻いておくと、跡がつくのを防げます。

COLUMN

うまく家事シェアをするコツ

セミナーや講演で年間約1000名の方々とお会いする中で、多く受ける質問のひとつが「家事シェアがうまくいかない」です。

悩みの内容はさまざまで「家事に関して夫はまったく頼りにならない！」という人もいれば、「夫のほうが得意で、私はいつもダメ出しされています……」なんていう人も。とにかく気もちよく家事をシェアできない人が多いですね。

そこでおすすめしたいのが、パートナーのタイプ別アプローチ方法。大きく分けて4タイプあります。

タイプ① やる気はある × 家事能力が高い ＝ 委任する

口出しせず、全面的に家事をまかせましょう。ほめたり、おだてたりしなくても大丈夫。きっちり家事をこなすタイプです。

タイプ② やる気はある × 家事能力が低い ＝ 指導する

このタイプは、家事のやり方がわからないだけ。方法をちゃんと教えれば、頼れる戦力に変身します。おすすめは「一緒に家事をやってみる」です。一緒に洗濯物を干す、一緒に台所を掃除するなど、行動で見本を示しましょう。最初は面倒ですが、あとであなたを助けてくれるはずです。

タイプ③ やる気はない × 家事能力が高い ＝ やる気を出させる

やる気を引き出す声かけが大切です。絶対にNGなのが「○○して！」などの命令口調。モチベーションがさらに下がり、かたくなに家事をやらなくなります。おすすめは「掃除機をかけるのと、洗濯物干すのはどっちがいい？」と本人が選べる問いかけ。また「○時までにやって欲しい」と制限時間を設けると行動にうつしやすくなります。

タイプ④ やる気はない × 家事能力が低い ＝ 相談する

やる気もなければ家事能力も低い——。会社なら降格や解雇レベルですが、家庭でそうはいきません。かといって怒ったり命令したりするのは逆効果です。

まずあなたの置かれた大変な状況を伝え、相談してみましょう。男性は言葉で伝えないとわからないことが多く、あなたが忙しくて家事にストレスを抱えていること自体に気づいてない可能性があります。「まさか！」と思うかもしれませんが、本当にそういう男性は多いです。

それでも難しいようなら、高性能な家電の導入や家事代行サービスを受けることを検討してみてください。

CHAPTER 4

台所のムダが消える

CHAPTER 4
調理

ムダな動きをしないコツ

食材を置く、調理する、盛りつける。この3つのスペースを確保。

料理がはかどらない……。そんな人は台所を見渡して、次の3つのスペースがあるかどうかをチェックしてみてください。①これから使う食材を置くスペース　②調理するスペース　③盛りつけるスペース。これらに物を置いている人は、今すぐスペースを空けましょう。足りない場合はラックなどを置き、スペースを広げてみてください。

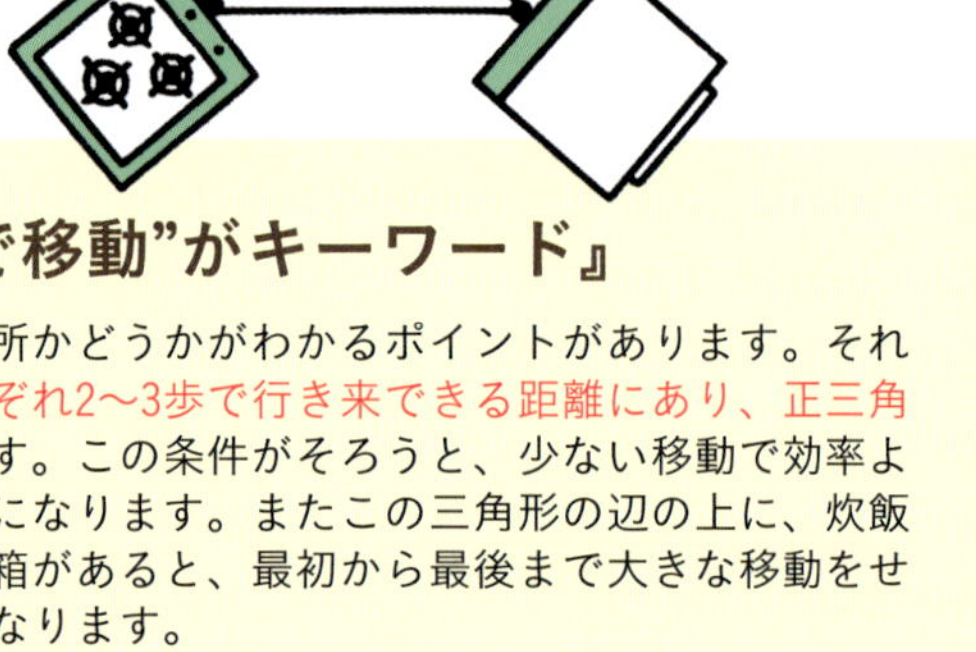

シンク
コンロ
冷蔵庫
三辺の上に家電やゴミ箱を置いてみて

『配置は"2～3歩で移動"がキーワード』

ひと目見ただけで、効率がよい台所かどうかがわかるポイントがあります。それはシンク、コンロ、冷蔵庫がそれぞれ2～3歩で行き来できる距離にあり、正三角形に近い配置になっていることです。この条件がそろうと、少ない移動で効率よく調理できる、ちょうどいい配置になります。またこの三角形の辺の上に、炊飯器や電子レンジなどの家電やゴミ箱があると、最初から最後まで大きな移動をせずに済むので、さらに効率がよくなります。

CHAPTER 4
調理

ムダな動きをしないコツ

目から腰の間に、ヘビロテ調理グッズを収納する。

台所のどこに何をしまえば効率的なの？　と思っている人、多いはずです。頻繁に使うグッズは背伸びしたり、かがんだりしたりせずに出し入れできるととてもラクです。そのためにはよく使う調理グッズは台所に立ったときに目線から腰の高さの範囲内に収納しましょう。また、あまり使わない物は出し入れしづらくても支障がないので、重い物ならひざよりも下に、軽い物なら目線よりも上のスペースに収納すればOKです。

軽いグッズは
目線より上ね〜

『収納場所の目安』

□シンクまわり　➡　調理に使う物(包丁、まな板、ボウル、鍋など)／洗い物に使う物(スポンジ、洗剤など)

□調理台まわり(引き出し)　➡　調理に使う物(ピーラー、ハサミなど)／食材を保存する物(保存容器、ラップなど)／味つけに使う物（塩、油など）

□コンロまわり　➡　加熱に使う物(フライパン、フライ返しやおたまなど)／コンロ掃除に使う物(ウエス、洗剤など)

CHAPTER 4
調理

ムダな動きをしないコツ

鍋はシンク下がベスト。取り出して、すぐに水を入れられる。

鍋類はどこに収納していますか？　おそらく多くの人がコンロ下に収納していると思います。みそ汁を作るときに使う片手鍋や、ゆでるときに使う鍋は、じつはシンク下が便利。取り出したら最初に水を入れるからです。すべての鍋をシンク下に入れる必要はありませんが、みそ汁やスープ用の鍋は入れておくと便利です。

2〜3歩でも
ムダにしない〜

『“見せる”収納と“しまう”収納を使い分ける』

調理グッズをすべてしまうと台所の見た目はスッキリしますが、毎回引き出しや扉を開閉して取り出さねばならず面倒です。かといって、すぐ取れるようコンロまわりにつり下げると、使わないグッズが油はねやホコリをかぶり、掃除が大変。出し入れ＆掃除のしやすさを両立するには、フライ返しやおたまなど、毎日使う物だけを選んで、見せる収納にすること。それなら数も限定されますし、毎日使う物なら毎日洗うので汚れも溜まりません。

CHAPTER 4 調理

ムダな動きをしないコツ

ジャンルにしばられず、使い勝手がよい仲間で固める。

そのセットがあったか〜

家電はまとめるべき。食品は食品棚、食器は食器棚に入れるべき。この思い込みがムダな動きを生み出しています。ジャンルにとらわれず、使う仲間同士を近づけてみましょう。たとえば紅茶を毎日飲むなら、電気ケトルの近くにティーバッグ、ポット、マグカップ、砂糖などをまとめた「紅茶セット」を作ると、毎回かき集めなくても済むようになります。

一緒に使う仲間を探してみて

『たとえばこんなセット』

例
- □トースター ＋ パン
- □コーヒーメーカー ＋ コーヒー粉 ＋ コーヒーカップ ＋ 砂糖 ＋ ミルク
- □炊飯器 ＋ 米びつ ＋ 茶碗 ＋ しゃもじ
- □パスタ ＋ トマト缶 ＋ レトルトパスタソース ＋ パスタメジャー
- □お弁当箱 ＋ 箸 ＋ 箸箱 ＋ アルミカップ ＋ ピック ＋ ナフキン
- □ゴミ箱 ＋ ゴミ袋 ＋ ゴミ出し表

CHAPTER 4
調理

ムダな動きをしないコツ

調理グッズは過去1年以内に使った選抜メンバーだけを残す。

調理グッズを見渡すと、ダブっているもの、ほとんど使っていない物が場所を占拠していませんか？　調理の妨げにならないように、過去1年間に使わなかった物は、思い切って手放しましょう。季節ごとに使用するグッズがあるので、目安は1年です。また、新たに購入するときは勢いで買わず、使用頻度をよく考えてからにしましょう。

なぜか栓抜きが
3個もある〜……

『調理グッズを買うときのチェックポイント』

□週に1回以上使うか？　それ以下の場合、なくても何とかなる可能性が高い。

□使いやすさはどうか？　そのつど取り出したり、組み立てたりする必要がないか？　洗浄や手入れはラクにできるか？

□収納しやすいか？　収納するスペースがあるか？　取り入れることで、ほかの物が出し入れしづらくならないか？　逆に出しっぱなしでも問題ないデザインか？

□デザイン性はどうか？　グッズを使うことで家事をする場所の見た目が悪くなったり、ゴチャゴチャとした印象になったりしないか？

CHAPTER 4 調理

ムダな動きをしないコツ

何度も使う物は、何個も用意すると作業が中断しない。

物は少ないほうがスッキリしますが、たくさんあったほうが便利な物もあります。たとえば計量スプーンや、合わせ調味料を作る小さいボウルなどは、同じ物をいくつかそろえておくと便利。1個しかもっていないと、いちいち洗わなければならず、作業が止まってしまいます。重ねて収納できる物なら、置き場所を取りません。

サイズ、デザインをそろえておくと
探す手間がなくなる

『たくさんあると便利なグッズ（目安量）』

□合わせ調味料を作る小さいボウル（4～6個）
□小さめのまな板（2～3枚）
□菜箸（3～4膳）
□計量スプーンセット（3～4組）

CHAPTER 4 調理

冷蔵庫を効率的にまわすコツ

奥の卵１個だけに賞味期限を書き、手前から使う。

卵に１個ずつ賞味期限シールが貼ってある場合は心配ありませんが、シールがない場合は、期限がわからなくなりちょっと心配になることも。そんなときは、いちばん奥に置いた１個にだけ賞味期限を書いて、手前から使っていけば問題解決。冷蔵庫の卵入れのそばにマジックを入れておくと、ケースから移し替えた、そのついでに書いてしまえますよ。

『賞味期限をかんたん管理』

３個で１パックになった納豆や豆腐、乳飲料は、いちばん手前（または、いちばん上）の１個に日付を書いて、奥（または下）から使っていきます。日付を記した１個が最後に残るので、賞味期限の管理がかんたんにできます。

CHAPTER4 調理

冷蔵庫を効率的にまわすコツ

野菜室に使いかけコーナーを作ると使うべき野菜が見える化できる。

使いかけの野菜が野菜室の中に紛れてしまうと、そのまま存在を忘れて、腐らせる原因に。それに探し出すのも時間のムダです。冷蔵庫の野菜室には、半端な野菜だけをまとめておくコーナーを作りましょう。ほかの野菜と混在しないよう、仕切ったり、保存容器に入れたりするとよいですね。野菜はそこから優先的に使っていくと効率的です。

タマネギの半分
どこいった〜?!

『野菜の保存から、時短は始まっている』

野菜は洗って切る作業まで済ませておくと、すぐに使えて便利です。面倒と感じるかもしれませんが、調理時間が確実に短縮します。

□ジャガイモ ➡ ひと袋ぶんをまとめて洗いカゴに入れて常温で保存。野菜室に入れる際は冷え過ぎて傷むのを防ぐためにタオルをかけて。

□モヤシ、ニラ ➡ 洗って保存容器に入れ、水にひたして保存。ニラは保存容器の大きさに合わせてカット。水は2～3日で交換。長もちするし、そのまま使える。

□ネギ ➡ 洗って4～5等ぶんにカット。保存容器に入れておくとすぐ薬味などに使える。

CHAPTER 4
調理

冷蔵庫を効率的にまわすコツ

使用頻度の低い調味料は、トレーにまとめて最上段へ。ドアポケットには入れない。

冷蔵庫のドアポケットは取り出しやすい場所なので、しょうゆ、みりん、マヨネーズなど、使用頻度の高い調味料を入れます。逆に、たまにしか使わない調味料、たとえば豆板醤《とうばんじゃん》やスパイス類などは、トレーやクリアボックスにまとめて最上段に入れて、ガバッと取り出せるようにします。ドアポケットは週に1度は使うスタメン選手で固めましょう。

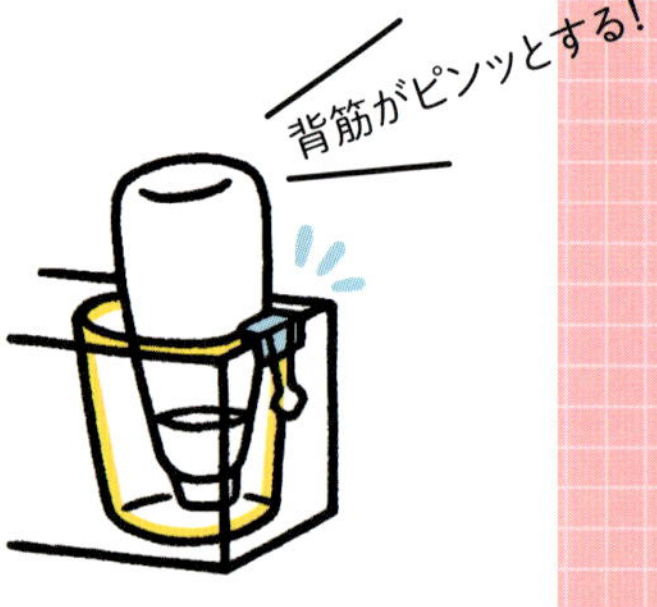

『逆さに立てて入れるときは』

マヨネーズやケチャップは残り少なくなると、逆さにしてドアポケットに立てませんか？　でも逆さに収納すると倒れやすくなりますよね。そんなときはドアポケットに紙コップを入れて、ドアポケットのフチと紙コップのフチをダブルクリップで留めて固定してみてください。そこにマヨネーズやケチャップを逆さに立てると倒れなくなりますよ。

CHAPTER 4 調理

冷蔵庫を効率的にまわすコツ

付属のからしやわさびの小袋は、本体チューブに留めると使うタイミングが生まれる。

納豆用のからしや刺し身用のわさびなどの小袋。もったいないから捨てられない、だけどなかなか活用できない人は多いはず。小袋は、台所や冷蔵庫の中で散乱しないように、チューブのからしやわさびにそれぞれダブルクリップで留めておきましょう。使うタイミングが生まれて、ムダがなくなります。

わさび
やっと小袋が活用できそう

1
2
3

『台所に置くべき文房具３つ』

食べかけのお菓子や使いかけの食品袋を留めるのに、輪ゴムを使用する人が多いのですが、これはおすすめできません。グチャッと巻かれてパッケージの商品名が見えづらくなりますし、立てて収納できなくなるからです。留めるのには、シンプルな文房具がいちばん。次の３つは見映えよく留められて、商品名も隠れません。

1 ダブルクリップ ➡ 大きめの袋の口を留めるのにぴったり。
2 連射式クリップ（ガチャック） ➡ カツオ節パックなどの小袋に最適。
3 ミニセロハンテープ ➡ クリップで留めるほど、袋の口の長さがない場合に。

冷凍庫が
輝き出す〜

CHAPTER 4 調理

冷凍庫を効率的にまわすコツ

冷凍庫は、分ける、仕切る、立てるが鉄則。

冷凍庫に、何も考えずにそのまま入れていくとどんどん積み重なっていき、収集がつかなくなりますよね。まずは、肉、魚、野菜、米・パンなどの食材別に分け（市販の冷凍食品も含む）、それぞれのボックスを決めてそこに入れて仕切ります。さらにボックスの中で立てて収納すると、使いたい冷凍品をすぐに見つけられます。

薄く平らに
凍らせて

『保存袋を冷凍するときは』

調理済みのおかずなどをチャック式保存袋に入れて冷凍する場合は、要注意です。凍る前に立てて入れてしまうと中身が下に溜まっていき、厚みが偏った状態で凍ってしまいます。するとスペースが有効活用しにくくなり、整理もしづらくなります。冷凍するときは薄く横にして凍らせてから、立てて収納しましょう。冷蔵庫に急速冷凍機能がある冷蔵庫は、そこをつねに空にしておき、横にして凍らせる場所にしておくと便利です。

CHAPTER 4
調理

ムダな動きをしないコツ

スマートフォンでレシピを見るときはチャック式保存袋に入れる。

スマートフォンでレシピサイトを見ながら料理を作るとき、濡れた手をいちいち拭きながら操作するのはムダな動き。チャック式保存袋に入れてしまえば、袋の上から操作できます。大きめの洗濯バサミで後ろからはさんでスタンドにすれば、見やすさもばっちりです。

これでもう手を
拭かずに済む〜

『レシピ本はハンガーを使う』

レシピ本を見ながら調理するとき、調理台に置くと邪魔になるし、離れたところに置くと行ったり来たりしなければいけず、ムダな動きが増えます。そんなときは、レシピ本を開いてスカートハンガーではさみ、壁に取りつけたフックにかけましょう。こうすれば調理台をふさがず、本が閉じてしまうこともありません。

CHAPTER 4
調理

ムダな動きをしないコツ

計量スプーンや菜箸など使うたびに洗う物は水を入れたコップに立てて調理スタート。

調理中は余計な移動をしないほうが手早く作れます。計量スプーンや菜箸も使うたびに洗っていてはよけいな手間がかかりますよね。計量スプーンや菜箸はあらかじめ水を入れたコップに立てて、すぐに手が届く場所に置きましょう。調理に使っても、コップの水ですすげばすぐにまた使えます。菜箸が長くて不安定な場合は、普通の箸や割り箸を菜箸代わりに使うのがおすすめです。

使って洗う、使って洗う
……からもう卒業！

『セット物はバラバラにする』

複数の計量スプーンを留めているリングは外し、菜箸のひもは切りましょう。単品で使えるようにしたほうが、調理がしやすくなります。また、和え物などは菜箸ではなく、普通の箸を使用するのがおすすめ。扱いやすく、長さが短いので洗う面積も少なくて済みます。

ムダな動きをしないコツ

先端が調理台につかないグッズを選ぶだけで汚れが一切気にならない。

調理中に使うおたまやフライ返し、トングなどの調理グッズ。じかに置くと調理台が汚れてしまいますし、受け皿を用意すると洗い物が増えます。そんなストレスを解消するためには、先端が調理台から浮くようになっているタイプを選ぶのがおすすめ。鍋やフライパンのそばに気にせずバンバン置けると、調理がはかどります。

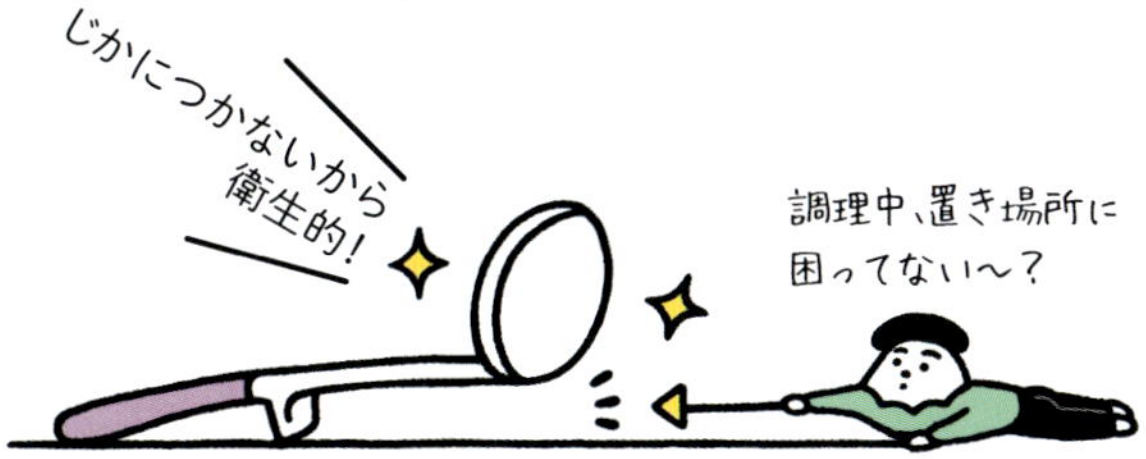
じかにつかないから衛生的!
調理中、置き場所に困ってない〜?

『浮いちゃうグッズたち』

おすすめはオークス社のウチクックシリーズ。おたま、フライ返し、トングは秀逸です。また、ジョセフジョセフ社のエレベートシリーズはかわいくて人気。少し値は張りますが、汚れを気にせずバンバン置ける快感は値段以上ですよ。

CHAPTER 4
調理

ムダな料理をしないコツ

ストック野菜は一気ゆで。たかが湯、されど湯。一度沸かした湯は使い切る。

せっかく野菜をゆでるための湯を沸かすなら、1種類だけでなく数種類ゆでてしまいましょう。ストックしておけば、副菜やつけ合わせ、お弁当のおかずなどに使えて重宝します。野菜によってゆで時間が異なるので、1種類ずつ、アクの少ないものからゆでて。冷蔵庫で3～4日間くらい保存可能です。

ストック野菜は
忙しいときの救世主～

『野菜をゆでる順番例』

6種類の野菜が、約5分でできあがります。

1 モヤシ ➡ 沸騰した湯に入れて、一瞬で取り出す。
2 オクラ ➡ 1分30秒ゆでて、取り出す。事前に板ずりしておく。
3 アスパラガス、インゲン ➡ 2分ゆでて、取り出す。事前にアスパラガスは根元を切り、ハカマ(三角形になっているところ)を取っておく。
4 ブロッコリー ➡ 40秒ゆでて、取り出す。事前に小房に分けておく。
5 ホウレンソウ ➡ 20秒ゆでて、冷水にさらす。

ムダな料理をしないコツ

炊飯器＋根菜。お米と同時に温野菜ができあがる。

ジャガイモやサツマイモ、ニンジンなどの根菜類、それに卵は、じつは炊飯器と相性抜群。それぞれ丸ごとアルミホイルに包み、炊飯器に入れた水と米の上にのせていつもどおりに炊くだけ。根菜は温野菜に、卵はゆで卵になります。加熱後のジャガイモと卵をつぶしてマヨネーズであえれば、ポテトサラダのできあがりです。

1回の炊飯で
おかずも完成♪

『炊飯器でニンジン グラッセ』

材料

・ニンジン……1本　・砂糖……大さじ1　・バター……10g

作り方

1 ニンジンは皮をむき、輪切りにする。
2 すべての材料をアルミホイルに入れて巻く。
3 お米と水を入れた炊飯器に2を入れて一緒に炊いたら、できあがり。
※お米と水の分量はいつもどおりでOK。

ムダな料理をしないコツ

忙しい日は、ホイル焼き。トースターに入れるだけで完成するし洗い物も出ない。

アルミホイルに具材を包み、オーブントースターで焼く「ホイル焼き」。帰りが遅くなるとわかっている日は、朝、包んだものを冷蔵庫に入れておきましょう。帰宅後、すぐに焼くことができます。途中でひっくり返す手間がないので、着替えている間に調理できるのもうれしいところ。食器もほとんど汚れませんよ。

『鮭のホイル焼きの作り方』

材料 2人ぶん

・鮭……2切れ　・キノコ（シメジやエノキタケなど）……お好みの量
・バター……20g　・塩、コショウ、小麦粉……少々

作り方

1 鮭2切れに塩、コショウ各少々をふり、小麦粉をまぶす。
2 アルミホイルを2枚広げて1とキノコをのせ、バターを10gずつのせる。
3 アルミホイルの端を合わせて閉じる。この状態で冷蔵庫に入れておく。
4 帰宅後、トースターや魚焼きグリルで15～20分焼いたら、できあがり。

CHAPTER4 調理

ムダな料理をしないコツ

包丁、まな板、フライパンを使わずにオムライスが作れる。

ホイル焼きと同様に、すぐに作れるおすすめメニューがマグカップで作るオムライス。包丁、まな板、フライパンは不要で、使うのは、マグカップとスプーンだけ。遅く帰ったときのちょっとした夜食や小腹が空いたときに、ぴったりのメニューです。

『マグカップオムライスの作り方』

材料 1人ぶん

・ごはん……お茶碗1杯ぶん
・ケチャップ……大さじ1
・卵……1個（溶いておく）
・ツナ缶……1／2缶
・マヨネーズ……大さじ1／2
・塩……少々

作り方

1. マグカップにごはん、ツナ缶、ケチャップを入れて、スプーンでよく混ぜて、平らにならす。
2. 1の上にすき間ができないようにマヨネーズを塗り、塩を入れて溶いた卵を流し入れる。
3. ラップをかけずに電子レンジ（600W）で、約2分加熱したらできあがり。

ボウルと器を洗わずに
済むなんて幸せ〜

CHAPTER 4
洗い物

洗い物をなくすコツ

和え物は、ボウルを使わない。見栄えのよい保存容器で和えるとそのまま食卓へ出せる。

ボウルを使わなくても調理できるものは、盛りつけも保存も兼ねられる保存容器を使い、洗い物を減らしましょう。デザイン性に優れたガラスやホーローの保存容器を使うと、食卓にそのまま出せて、残ったらふたをして冷蔵庫に入れられます。「調理はボウルを使わなくてもいい」という発想に変えてみてください。

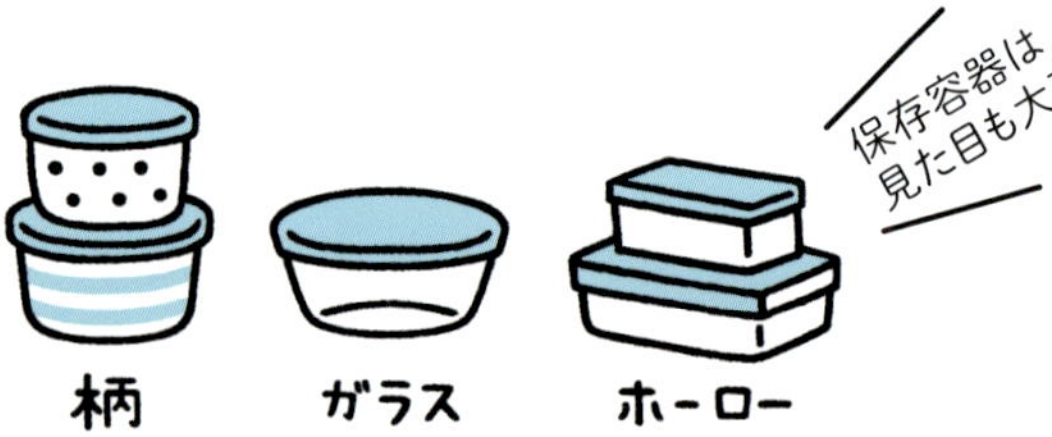

『ひき肉料理はトレーを利用』

ひき肉料理は、購入した際に肉が盛られていた食品トレーを使って調理してしまいましょう。たとえば鶏つくねなら、トレーに卵や片栗粉を入れてスプーンで練って成形すれば、ボウルを使わずに作れます。使用後はかんたんにすすいでそのまま捨てられます。

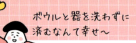

洗い物をなくすコツ

肉、魚を切るときは、まな板にオーブン用シートを敷く。

肉や魚用のまな板を用意するのは、場所を取るし洗い物も増やします。でも同じまな板で、野菜と肉類をカットするのは気が引けますね。そんなときは、いつも使っているまな板にオーブン用シートを敷き、その上で肉、魚を切りましょう。使い捨て可能なので衛生的。洗い物の手間も解決します。また、ニンニクなどにおいのつくものや、ニンジンなど色がついてしまう食材を切るときも便利です。

まな板の使い分けは
洗い物を増やすだけ〜

『包丁とキッチンペーパーが意外にいい』

バターを切るとき、包丁にくっついてしまいイライラすることありませんか？

そんなときは包丁をキッチンペーパーではさみながらカットしてみてください。バターが刃につくのを防げます。キッチンペーパーには凹凸があり、接触面が少ないためにくっつきづらくなるのです。

CHAPTER 4 洗い物

洗い物をなくすコツ

葉野菜の上に料理を盛りつけると皿が汚れない。

脂っこい料理や、こってりとしたソースを絡めたりした料理を皿に盛るときは、レタスやサンチュなどを敷いた上に盛りましょう。皿に直接つかないので、洗い物がラクになります。

『まだまだ洗い物は減らせる！』

サラダは各自皿に取り分けてからドレッシングをかけると、汚れた食器が減らせます。またお弁当の場合は、アルミカップの底にケチャップやマヨネーズを入れてからハンバーグや卵焼きをのせると、ふたが汚れません。逆の順番で盛りつけてみましょう。

CHAPTER 4
洗い物

洗い物をなくすコツ

フルーツは、テーブル用ナイフを使って皿の上で切るとまな板と包丁を出さずに済む。

とくに朝食の忙しいとき、ウインナーやフルーツを切るためだけに、わざわざ包丁とまな板を使うのをムダと感じたことはありませんか？　焼く前にウインナーに切れ目を入れたり、フルーツを食べたりしたいときは、盛る皿の上でテーブル用ナイフを使ってカットすると、まな板、包丁を洗う手間が省けます。テーブル用ナイフなら、皿が傷つく心配もありません。

まな板と包丁は
使いません

『まな板がおしゃれな時代に』

おしゃれなまな板でハムやフルーツをカットして、そのまま食卓に出せば盛りつけが不要になります。最近ではカッティングボードと呼ばれる、雰囲気のある木製のまな板がたくさん販売されています。かたまりのハムやチーズにナイフを添えて食卓に出し、各自で好きな大きさにカットして食べてもらうのも楽しいですね。

洗い物を軽くするコツ

カレーに寒天パウダーを入れると鍋にこびりつかず、ツルンと取れる。

カレーがこびりついた鍋をラクに洗うための秘策が、寒天パウダーです。カレーを作るときにこれを入れると、ゴムべらを入れただけで鍋からツルンとはがれます。だから洗い物がとってもラクに。寒天を入れても味に影響はなく、少量ですが食物繊維が取れるメリットも。2人ぶんくらいのカレーが残っていると、鍋から取り出しやすくなります。少量だと取れなくなるので要注意です。

これでカレーの日も
怖くない〜

『寒天カレーの作り方』

カレールウを入れる前に、カレー４人ぶんの水分量（または500ml）に対して寒天パウダー４ｇを加え、５分ほど加熱して。食べ終わって余ったカレーは常温でしばらく置くと固まるので、取り出して適量ずつ小分けし、冷蔵または冷凍保存するのがおすすめです。再度加熱すれば、寒天が溶け、再びとろみのあるカレーになります。

CHAPTER4 洗い物

洗い物を拭かないコツ

洗った食器に湯をかけると早く乾く。

食器を拭く作業、面倒ですよね。洗ったらそのまま放置して乾かす人も多いでしょう。熱い湯で洗うと早く乾きますが、手荒れになることも。そこでおすすめなのが、洗った食器の上から湯をかけること。同じ効果が得られます。また、食器は大きい皿から洗い始めるのがコツ。大きい物から小さい物を洗い、重ねていきます。そして蛇口の下で水をかけながらすすぎ、小さい皿から水切りカゴに重ねていくとスピーディーです。

拭く手間いらず〜

大きいお皿から
小さいお皿を洗って
重ねるとスピードアップ

『洗剤を使わない』

カットした野菜を入れたトレーやボウルなど、一時的に食材を入れたけれど、大して汚れていないものは、水洗いだけで充分。洗剤をつけて洗う必要はありません。使い終わったら即水洗いして乾かしておけば、シンクが洗い物でいっぱい……という状況もなくなります。

CHAPTER 4
買い出し

ムダな買い物をしないコツ

スーパーのレイアウトに合わせて買い物リストを書くと買い物時間が短くなる。

スーパーのレイアウトは基本的に入口から「フルーツ」「野菜」「魚」「肉」「牛乳、卵」「惣菜」の順に、そして中央に「調味料」「日用品」が配置されています。買い物リストをこの順番で書くと、スーパー内をウロウロせずスムーズに買い物ができます。また、リストにチェックを入れていくと買い忘れも防げます。細かい配置はお店によって異なりますが、おおまかなレイアウトを頭に入れておくだけで、ムダな移動や探し物が減らせますよ。

START
FINISH
寄り道しないから
ムダ買いもなくなる

『レイアウトには意味がある』

スーパーの入口付近はフルーツと野菜で季節感と華やかさを演出しています。その次に主力商品の魚や肉が続きますが、気温の影響を受けにくい奥に配置することで品質を保っています。また、乳製品や卵は購入する人が多いので、最後のほうに配置。なるべくお客さんを歩かせて購入点数を増やしたい狙いがあります。出口付近の惣菜類は最後に行きつくところ。最初に惣菜コーナーがあると、お客さんが生鮮類を買わなくなってしまうからです。

スマホ買うか〜

CHAPTER 4 買い出し

ムダな買い物をしないコツ

アプリを使って、家族でリストを共有すると足りない物がわかって、買い物を分担できる。

買い物リストの作成はメモ用紙もよいですが、メモアプリを活用するのもおすすめ。欲しい物をかんたんにリスト化でき、チェック機能もあるので、ダブって買う心配もなし。スマートフォンに最初から入っているメモアプリでもよいですが、買い物リスト専用のアプリもあり、リストの順序を変えられたり、家族とデータを共有できたりするのが魅力です。

冷蔵庫につけておくと
家族みんなが書き込める
・トイレットペーパー
・牛乳
・ヨーグルト
・赤ワイン

『リストは付箋が便利』

アプリを使わない場合は、大きめの付箋紙とペンを冷蔵庫につけましょう。マグネットクリップで付箋紙をはさみ、その上にペンを置いておくとすぐに書き込めます。買い物へ行く際に、リストが書かれた付箋紙をはがして、財布やスマートフォンに貼って出かけます。家族に頼むときも、財布やスマートフォンに貼ってもらうことで買い忘れを防げますよ。

CHAPTER 4
献立

献立に迷わないコツ

献立はゆるい枠組みを作ると迷わないし、ノンストレス。

献立に悩む原因は「主菜はどうしよう……」「それに合う副菜は？」と決めなくてはいけないことがたくさんあるから。献立はイチから考えると大変なので、最初にゆるく枠組みを作りましょう。たとえば「月水金は肉」「火木は魚」と決めます。そして買い物の際に「鶏は唐揚げ」「鮭はソテー」とメニューを決めながら1週間ぶんの肉と魚を購入。すると買い物した時点で1週間ぶんのメインメニューが決まっている状態になります。

メインが決まってるだけでも気がラクに〜

『おかずはどうする？』

副菜は122ページで紹介したゆで野菜をたっぷり作っておいて、メイン料理に添えましょう。具沢山の汁物や漬け物を組み合わせると、定食風になって栄養バランスも整いやすくなります。また、豆腐や納豆、煮豆など、食卓に出すだけで成立する食品を組み合わせるのも◎。

CHAPTER4 献立

献立に迷わないコツ

献立にいつも迷うなら人気メニューの記録を残す。

家族に好評だったメニューは、スマートフォンやメモ帳、単語帳に記録を残しておきましょう。その際に、副菜や汁物も一緒に書いておくと便利。どちらも短時間で決めやすくなります。家族それぞれが好きなメニューを、分けて記録しておくのもおすすめです。本人が主役の誕生日やお祝いの際に、わざわざ確認しなくても好物をさりげなく食卓に出すことができます。

あっ!
あのメニュー
忘れてた〜

『葉野菜は前半、根菜は後半』

まとめて買ってきた野菜は、傷みやすいものから使うのが基本。まずはホウレンソウ、コマツナなどの葉野菜を優先的に使い、それがなくなったら、日持ちするジャガイモ、ニンジンなどの根菜を使って。使う野菜を軸にして献立を考えると、決まりやすくなります。

COLUMN

家事シェアを加速させるコツ

家事をシェアする。普通に考えればごくあたり前のことなのですが、なかなかうまくできない家庭が多いのは106ページのコラムで、お伝えしたとおり。

ここでは家事参加を加速するコミュニケーションについてお話ししましょう。

＋ I（アイ）メッセージを使う

家事をしない夫に、こんな言葉がけをしていませんか？

「(あなたは) いつも洗濯物をたたんでくれないね」

「(あなたは) 毎回ゴミ出しを忘れるんだから！」

こんなふうに、主語を「あなた（YOU)」にする表現です。これは相手には責められた印象が残ります。あなたにそんなつもりがなくても、です。すると、家事をやる・やらない以前に「自分を否定された　➜　険悪になる、やる気がなくなる　➜　家事やらない」の流れになってしまいます。

そうならないためには主語を「私（I)」にしてみましょう。

「(私は) 洗濯物たたんであると助かる！」

「(私は) ゴミ出しが済んでるとうれしい」

こんなふうに、主語を変えるだけで、ポジティブな表現になります。

＋ あなたの感謝が、あなたを助ける

ある調査によると、夫をやる気にさせるのは「妻や子どもの感謝と、喜びの言葉、姿」なのだそうです。たとえば

夫が冬に洗濯物を干したら「寒い中ありがとう」

夫が朝食を作ったら「おいしい！　また作って！」

こんなひと言を添えるだけで、夫はやる気を出し、またやろう！　と感じるのだとか。これだけであなたの家事量が減るのなら、安いと思いませんか？　コスト０円です。

＋ 下手でも夫のがんばりを認める言葉

「洗濯物のたたみ方を細かく指摘されて、二度とやるもんかと誓った」

「干し方を全部直されて嫌な気もちになった」

これは実際に聞いた男性の話です。たしかに夫の家事クオリティーがイマイチ……と感じる妻が多いのも事実。でも明らかなダメ出しは、あなたの家事負担を軽減しません。

そこでおすすめのワードが「惜しい！」です。

「惜しい」は、「ほぼ OK だけどあと一歩」というニュアンスになります。実際は100点満点中10点でも「惜しい！」といってみましょう。すると落ち込むことなく、「次は完璧をめざしてがんばるぞ！」とやる気を出してくれますよ。

CHAPTER 5

データ、書類整理のムダが消える

ムダな保管をしないコツ

年賀状は1年ぶんを整理ケースに入れて2年間保管。

もらった年賀状は、氏名や住所の変更があったらデータを更新。それが済んだら、100円ショップなどで売っているクリアタイプの「ハガキ整理ケース」に入れ、年度がわかるようにラベルを貼って保存して。自分で設定した期限で処分すれば、収納場所にも困りません。保管期間は2年を目安にするといいでしょう。1年前の年賀状は住所変更、2年前は喪中の確認に役立ちます。

期限を決めると
捨てやすい～

『年賀状もデータで保存する時代』

年賀状をデータで保存する場合は、アプリ「エバーノート」がおすすめ。スキャナーがなくても「CamScanner」というアプリを使えば、スマートフォンで年賀状をスキャンでき、わかりやすく保管できます。文字認識機能もあるので、氏名や文面で検索も可能です。

CHAPTER 5 整理

ムダな書類整理をしないコツ

書類はクリアファイルを使うと整理しやすい。

書類は紙のままだとペラペラ、大きさもバラバラなので、管理しにくいですね。書類は案件ごとにA４サイズのクリアファイルに入れましょう。ちょうどよい厚みができ、均等のサイズになるので扱いやすくなります。また紛失やほかの書類との混在も防げます。柄なしのほうがひと目で用件がわかって便利です。クリアカラータイプの赤は「急ぎ」、緑は「保留」などと色分けすると、優先順位が決めやすく、処理がスピーディーになります。

『ファイル＆ボックスで解決』

クリアファイルに入れた書類はいろいろなところに置かず、ファイルボックスをひとつ用意し、そこに入れると決めましょう。ファイルボックスはクリアファイルを立てて収納できるので、探しやすくなります。またカウンターや戸棚、デスクに置きやすくなりますよ。ボックスは薄めのタイプを選ぶと、溜め込んでしまうのを防げます。

CHAPTER 5 整理

ムダな保管をしないコツ

手紙は写真を撮って、メモアプリに保存。本体は手放す。

手紙はなかなか手放しにくいものですが、残しておくとスペースが取られます。どこかに保管したきり読み返していない……という人、多いはずです。しまい込んでしまうより、スマートフォンなどのメモアプリに画像保存しておくと、すぐに読み返すことができます。たとえばメモアプリの「エバーノート」なら、カテゴリー分けや検索もかんたんです。保存したら本体は手放しましょう。

画像保存したほうが
記憶に残る
おーい！
写真撮って〜
HAPPY BIRTHDAY

『保存するときのポイント』

□タイトルやタグに「相手の名前」「目的（誕生日カード、お礼状など）」「一緒に入っていたプレゼント」を入れておく。
□返信内容や受け取ったときの気もちを記録しておくと、再会したときに役立つ。

CHAPTER 5 整理

思い出の管理をラクにするコツ

もらったプレゼントは写真を撮って、メモアプリに保存。すぐに見返せて、お礼する際に役立つ。

お菓子、雑貨、お中元やお歳暮など、いただいた物はすぐに写真を撮り、メモアプリに保存する習慣をつけましょう。その際「いつ」「だれから」受け取ったのかもメモしておくと便利。次回お会いした際にお礼を伝えられますし、お返しを選ぶときの参考にもなります。そして自分が贈った物も記録しておきましょう。翌年お中元などの品を選ぶ際の参考になりますよ。

受け取ったときの
感動もずっと続く〜

『写真は感謝を伝える手段になる』

保存した画像は、お礼を伝えるときにも便利。「この間いただいたチョコレートおいしかったです」というメールにチョコレートの画像を添付したり、「こんなに素敵なお皿をもらいました♡」という文面とともにＳＮＳに画像を投稿したりするとプレゼントしてくれた人も喜んでくれるはず。

CHAPTER 5 準備

ムダな準備をしないコツ

季節の行事や記念日の準備は、リスト化しておくとあわてずに済む。

お正月やクリスマス、誕生日など、1年に一度の行事は、何を準備したらいいのか忘れてしまいがちです。「何からやればいいんだっけ……」と毎年考えなくて済むように、必要なグッズや購入するもの、メニューなどをリスト化しておくと、次からはリストを見てすぐに準備できるようになります。スマートフォンのメモアプリに保存すれば、すぐにリストを呼び出せますよ。

おめでとう
スムーズに準備できて、心置きなく当日を楽しめる

『リスト化であわてない日々』

「毎回スムーズにいかない……」なんていうことがあったら、ぜひオリジナルのリストを作ってみてください。メモアプリに保存しておくと便利です。

例 □来客リスト ➡ お茶菓子、飲み物、手土産の準備（前日までに）／切り花を購入（前日）／洗面所のタオルを交換、アロマを焚く（当日）

□誕生日リスト ➡ ケーキの予約（2週間前）／プレゼントの準備／メニューを決める（1週間前）／飾りつけ（当日）

□旅行リスト ➡ 旅館、レンタカーの予約／洗面道具／着替え／胃腸薬／充電器

協力企業

- ライオン株式会社
- 花王株式会社

参考文献

- 『日常生活における洗濯衣料の部屋干し臭とその抑制』におい・かおり環境学会誌、36巻2号／2005年／松永聡
- 『菌・カビを知る・防ぐ60の知恵』日本防菌防黴学会編／株式会社化学同人
- 『シンプルに生きる　モノを持たない暮らし』ドミニック・ローホー著、原秋子訳／幻冬舎

参考WEBサイト

- 国民生活白書
- 衛生微生物研究センター
  https://kabi.co.jp/
- 共働き夫婦の「家事」に関する意識調査／大和ハウス工業
  http://www.daiwahouse.co.jp/column/lifestyle/dual_income/
- P&G清潔生活研究所
  http://news.mynavi.jp/news/2008/01/23/001/
- プライベートで購入する文房具に関する意識調査／株式会社キングジム
  http://www.ecole-rg.co.jp/3084.html
- 半日の室内干しで、台ふきんの雑菌数は700倍以上に！／アルコール除菌ラボ@キッチン&食卓
  http://alcohol-jokin.com/lab/lab07.php
- お得な洗濯物の乾かし方は最強はエアコン+扇風機／日本経済新聞プラスワン

お断り

- 掲載している効果や数値、データは家庭環境などにより変わります。

著者　本間朝子（ほんま・あさこ）

知的家事プロデューサー。

フードプランニング会社のチーフディレクターを経て独立。

自分自身が仕事と家事の両立に苦労した経験から、時間と無駄な労力を省く家事メソッド「知的家事」を考案。「時間がない」「家事が大変」と嘆く多くの主婦の悩みを解決している。NHK「あさイチ」、日本テレビ「ヒルナンデス！」などのテレビ、「クロワッサン」「ESSE」「レタスクラブ」「CHANTO」ほか雑誌・新聞でも活躍。著書に『家事の手間を9割減らせる部屋づくり』『写真でわかる！家事の手間を9割減らせる部屋づくり』（青春出版社）、『「片づく仕組み」のつくり方「きれいな部屋」のコツは、こんなにシンプル！』（王様文庫）『幸せを呼ぶ 家事「時短」の楽しい小ワザ88』（祥伝社黄金文庫）、『忙しくても家をキレイにしておきたい！「やらないこと」から決める 世界一シンプルな家事』（日本実業出版社）、他。

Evernote コミュニティリーダー。

オフィシャルサイト ▶ http://honma-asako.com/
Ameba ブログ ▶ http://ameblo.jp/titeki-kaji

ムダ家事が消える生活

2018 年 1 月 11 日 初版発行

著　者　本間朝子
イラスト　くにともゆかり
デザイン　TYPEFACE（AD.渡邊民人 D.小林麻実）
編集協力　川端浩湖
広　報　岩田梨恵子、南澤香織（サンクチュアリ出版）
営　業　津川美羽、吉田大典（サンクチュアリ出版）
編　集　宮﨑桃子（サンクチュアリ出版）
発行者　鶴巻謙介
発行・発売　サンクチュアリ出版
〒151-0051 東京都渋谷区千駄ヶ谷2-38-1
TEL　03-5775-5192　　FAX　03-5775-5193
URL　http://www.sanctuarybooks.jp/
E-mail　info@sanctuarybooks.jp
印　刷　株式会社シナノ パブリッシング プレス